智慧物流与供应链基础

主审　许小宁

主编　周　雯　马　蓉　陈　玫

内容提要

本书围绕智慧物流与供应链领域的最新研究成果和前沿技术，全方位、深层次地剖析了智慧物流与供应链的核心概念、关键技术及其在实践中的应用情况，旨在为学生构建一个系统、全面的知识体系，使学生认识智慧物流与供应链的理论框架，并深刻理解其在现代商业环境中的战略价值。本书共九个项目，分别为智慧物流概述、智慧运输、智慧仓储、智慧包装、智慧装卸搬运、智慧配送、智慧供应链概述、智慧供应链合作伙伴和智慧供应链运作管理。

本书结构编排合理，内容深入浅出，语言通俗易懂，并配有大量典型案例，具有实用性和指导性等特点，可作为职业院校学生的学习教材。

图书在版编目（CIP）数据

智慧物流与供应链基础 / 周雯，马蓉，陈攻主编. 上海 ：上海交通大学出版社，2024.9.(2025.12.重印) -- ISBN 978-7-313-31510-6

Ⅰ. F252.1-39

中国国家版本馆 CIP 数据核字第 20247U4J45 号

智慧物流与供应链基础

ZHIHUI WULIU YU GONGYINGLIAN JICHU

主　　编：周　雯　马　蓉　陈　攻

出版发行：上海交通大学出版社　　地　　址：上海市番禺路 951 号

邮政编码：200030　　电　　话：021-64071208

印　　制：三河市祥达印刷包装有限公司　　经　　销：全国新华书店

开　　本：787 mm×1092 mm　1/16　　印　　张：13.75

字　　数：318 千字

版　　次：2024 年 9 月第 1 版　　印　　次：2025 年 12 月第 2 次印刷

书　　号：ISBN 978-7-313-31510-6　　电子书号：ISBN 978-7-89424-863-3

定　　价：49.80 元

前言

智慧物流与供应链产业是现代服务业的重要组成部分，发挥着支撑国民经济运行和促进国民经济发展的重要作用，其发展水平已成为衡量一个国家现代化发展水平和综合国力的重要标志。随着现代信息技术的飞速发展，智慧物流与供应链领域正经历着前所未有的技术变革。在智慧物流领域，自动驾驶逐步从技术构想走向商业应用，无人仓、自动分拣系统、无人配送车等智慧物流设施设备得到了广泛应用……在智慧供应链领域，大数据技术在需求预测、采购管理等方面的应用越来越广泛，物联网技术实现了智慧供应链信息的实时监测与跟踪，区块链技术为企业创造了更加透明、安全、高效的采购环境……

为了促进我国智慧物流与供应链产业的健康发展，培养一批能够满足市场需求的高质量应用型人才，编者根据智慧物流与供应链领域的最新研究成果和学生的实际需求精心编写了本书。

具体来说，本书具有以下特色。

1．启智润心，立德树人

党的二十大报告中指出：“育人的根本在于立德。”本书积极贯彻党的二十大精神，深入践行立德树人的理念，在每个项目前设置“素质目标”，在正文中设置“科技之光”模块，并将素质教育的有关内容融入正文，潜移默化地引导学生培养创新精神、奉献精神等，让学生树立正确的世界观、人生观和价值观，成为德智体美劳全面发展的社会主义建设者和接班人。

2．校企合作，职业引领

在编写本书的过程中，编者走访了多家企业，向相关工作人员了解了智慧物流与供应链领域的专业知识、相关岗位的实际情况与技能要求，并从中提炼出新颖、实用的内容，然后将其有机融入本书中，旨在帮助学生深入学习专业知识、提高专业技能，为将来走上工作岗位打下坚实的基础。

3. 全新理念，易教易学

本书秉持“以学生为中心”的理念，注重让学生“在学中做，在做中学”。同时，本书采用项目任务式编写结构，既有助于教师更好地推进教学工作，又有助于学生理解和掌握知识点。编者将不同的知识模块分为不同的项目，每个项目又分为多个任务，每个任务的结构如下：

（1）在每个任务开头以“任务导入”模块引出正文，利用与知识点相关的案例激发学生的学习兴趣，引发学生思考。

（2）在讲解理论知识时穿插“释疑解惑”“典型案例”“课堂互动”“知识之窗”等模块，以活跃课堂气氛，拓宽学生的知识面。

（3）在每个任务最后设置与知识点相关的、形式多样的活动，如实地调查、小组讨论、案例分析等，以提高学生解决实际问题的能力。

此外，本书的每个项目后还设有“学习成果检测”和“学习成果评价”模块，以帮助学生巩固所学知识、检验学习成果。

4. 平台支撑，资源丰富

本书配有丰富的数字资源，读者既可以借助手机或其他移动设备扫描书中二维码获取相关微课视频，也可以登录文旌综合教育平台“文旌课堂”查看和下载本书配套资源，如优质课件、教案、“学习成果检测”答案等。读者在学习过程中有任何疑问，都可以登录该平台寻求帮助。

此外，本书还提供了在线题库，支持“教学作业，一键发布”，教师只需通过微信或“文旌课堂”App 扫描扉页二维码，即可迅速选题、一键发布、智能批改，并查看学生的作业分析报告，从而提高教学效率、提升教学体验。学生可在线完成作业，巩固所学知识，提高学习效率。

本书由许小宁担任主审，周雯、马蓉、陈攻担任主编，贺海艳、陈肖雨、雷春燕担任副主编。由于编者水平有限，书中难免存在疏漏或不妥之处，诚请广大读者批评指正。

特别说明：

（1）在编写本书的过程中，编者引用了部分文章和图片等资料。这些资料大部分已获授权，但由于部分资料来自网络，我们未能确认出处，也暂时无法联系到原作者。对此，我们深表歉意，并欢迎原作者随时与我们联系，我们将按规定支付酬劳。

（2）本书所选案例大部分来源于真实事件，为了避免引起不必要的误会，部分人物使用了化名。

（3）本书没有注明资料来源的案例均为编者自编或根据真实事件改编。

本书配套资源下载网址和联系方式

网址：https://www.wenjingketang.com
电话：400-117-9835
邮箱：book@wenjingketang.com

片 头

目录

CONTENTS

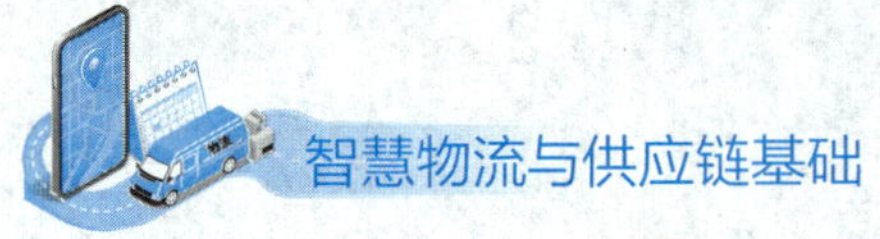

目 录

项目一

智慧物流概述

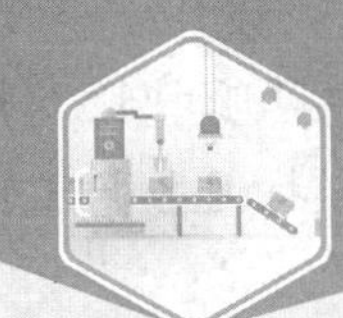

项目导读

物流业是支撑国民经济和社会发展的基础性、战略性产业。随着“工业4.0”的推进和信息化时代的到来，物流业与互联网深度融合，智慧物流逐步成为推动物流业发展的新动力，通过建立智慧物流系统来管理物流活动、提高物流效率成为物流企业发展的必然选择。

知识目标

- ✓ 了解物流的概念、价值和分类。
- ✓ 了解智慧物流的概念和特点，熟悉智慧物流的功能。
- ✓ 了解智慧物流系统的概念和特点，熟悉智慧物流系统的组成要素和构成。

技能目标

- ✓ 能够按照不同的标准对物流进行分类。
- ✓ 能够正确识别智慧物流系统的组成要素。

素质目标

- ✓ 认识视觉导航无人叉车，积极、主动地了解我国物流领域的新科技，培养与时俱进的精神。
- ✓ 学习“智慧物流系统的守护者”这一案例，大力弘扬奉献精神，积极培育和践行社会主义核心价值观。
- ✓ 学习智慧物流系统的相关知识，深刻理解“从全局谋划一域、以一域服务全局”的系统观念，学会运用系统科学、系统思维、系统方法研究并解决问题。

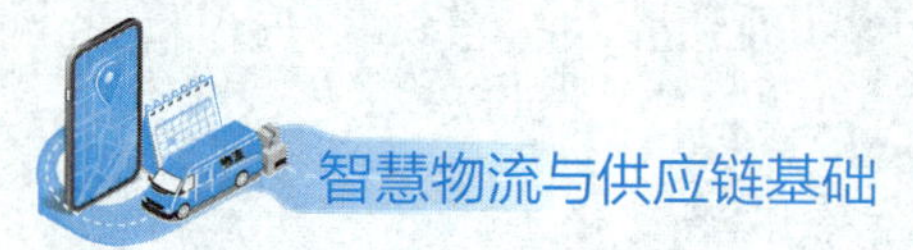

任务一 认识智慧物流

任务导入

“慧眼神瞳”助力顺丰速运构建智慧物流体系

顺丰速运通过视频结构化分析平台——“慧眼神瞳”构建智慧物流体系，将人工智能（AI）技术融入实际物流业务场景中，打通各物流环节，实现物流系统状态感知、实时分析、科学决策和精准执行。

具体而言，“慧眼神瞳”可发挥以下作用：

（1）违规动作检测。“慧眼神瞳”VAPD子系统能够对各物流网点的监控视频进行24小时实时分析，自动识别物流作业人员在分拣作业中出现的扔、抛、甩、踢快件等违规动作，并做出动作违规评级，同时发出警报，从而降低快件的破损率。

图 1-1 工业相机

（2）外包装破损检测。“慧眼神瞳”BKPD子系统能够通过工业相机（见图1-1）采集快件的高清图片，对快件的外包装进行智能检测，实时发现用肉眼难以发现的外包装受损（如湿损、出现褶皱或压痕等）的快件，并及时介入处理。

（3）视频检索追溯。“慧眼神瞳”BAVR子系统能够通过数以万计的摄像头，在空间坐标上对快件进行静态或动态关联，实现快件快速定位。物流作业人员输入运单号，即可查看对应的视频片段，从而掌握各快件在不同操作节点上的真实情况。

（4）皮带机堵转检测。“慧眼神瞳”BCLD子系统能够通过分析监控视频，对皮带机堵转事件进行预警，精准定位堵转区域，并实时上报相关信息，确保皮带机堵转事件快速解决。

（5）智慧安检。“慧眼神瞳”XRCD子系统能够基于AI技术和物联网技术对传统安检机进行改造升级，自动拦截禁寄物品，从而提高安检效率，有效避免禁寄物品引发的重大风险。

问题：

（1）什么是智慧物流？智慧物流具有哪些特点？

（2）智慧物流的功能有哪些？上述案例中体现了智慧物流的哪些功能？

一、物流概述

（一）物流的概念

物流是指根据实际需求，将运输、仓储、包装、装卸搬运、流通加工、配送和信息处理等基本功能实施有机结合，使货物从供应地向接收地进行实体流动的过程。

（二）物流的价值

一般而言，物流主要通过创造时间价值、空间价值来体现自身价值。在特殊情况下，物流还可以创造一定的附加价值。

1．时间价值

在物流过程中，货物从供给者转移到需求者，会存在一定的时间差，因改变这一时间差而创造的价值就是时间价值。物流主要通过缩短时间差、延长时间差、弥补时间差等方式来创造时间价值。

（1）缩短时间差。例如，缩短水产品的在途时间，可以减少货损，从而降低物流成本。

（2）延长时间差。例如，商家经常有意识地延长货物的储存时间，等待有利的销售时机，以获取更高利润。

（3）弥补时间差。例如，苹果一般在秋季成熟，而人们对苹果的食用需求一年四季都有，商家只有将苹果储存起来并妥善保管，才能满足人们的食用需求。

2．空间价值

空间价值是指因改变货物的空间位置而创造的价值。一般而言，货物在不同的空间位置具有不同的价值，人们通过物流活动将货物由低价值区转移到高价值区，便可获得空间价值。例如，分散在深山中的煤没有任何价值，但经过采掘并运输到其他地方作为发电、取暖的燃料时，煤的价值就得以实现。

3．附加价值

附加价值又称增值价值，是指根据客户需求对货物进行简单加工而使货物新增的价值。例如，将散装货物（见图 1-2）分装成适合销售的小包装货物，可以增强其对消费者的吸引力，从而促进销售。

图 1-2　散装货物

释疑解惑

散装货物是指不加包装，基本上以货物本身的自然形态装上车、船、飞机等运输工具的货物，如粮食、矿石、黄沙、废钢铁等大宗货物。

（三）物流的分类

1. 按物流对象划分

按物流对象划分，物流可分为企业物流、行业物流和社会物流。

（1）企业物流是指生产企业和流通企业围绕其经营活动所发生的物流活动，包括供应物流、生产物流、销售物流、回收物流和废弃物物流等。

（2）行业物流是指在一个行业内发生的物流活动，如农业物流、工业物流等。行业物流又可进一步分为制造业物流和流通业物流。制造业物流是指为了将原材料、零部件等物料加工成特定的产品而产生的物流活动。流通业物流是指为了消除产品生产地和消费地之间的空间间隔而产生的物流活动。

释疑解惑

在生产领域，物料特指除最终产品之外的、生产过程中所需的一切材料，如原材料、零部件、半成品等。

（3）社会物流是指面向整个社会的物流活动。社会物流涉及商品流通领域的所有物流活动，具有一定的宏观性和全局性。

2. 按地域范围划分

按地域范围划分，物流可分为区域物流和国际物流。

（1）区域物流是指在一个经济区域（如一个城市或一个具有明显经济特点的区域）范围内开展的物流活动。我国的区域物流包括华北地区物流、华中地区物流、西南地区物流等。

（2）国际物流是指在不同国家（地区）之间开展的跨国（地区）物流活动。国际物流可实现货物的国际流动与交换，促进世界经济发展和世界资源优化配置。

二、智慧物流的概念

智慧物流是指以物联网技术为基础，综合应用大数据、云计算、区块链及相关信息技术，通过全面感知、识别、跟踪货物状态，实现实时应对、智能决策的物流。

智慧物流具有以下内涵：

（1）智慧物流是物联网技术、大数据技术、云计算技术、区块链技术等新兴技术与传统物流融合创新的结果，应用这些新兴技术是使传统物流变得智能的前提。

智慧物流就在你我身边

（2）智慧物流具有一定的"智慧"。智慧物流与传统物流最大的区别在于智慧物流可以模仿人的智慧，在无人指引的情况下实现自动感知、自动作业、自主决策等。

知识之窗

智慧物流的起源

"智慧物流"这一概念起源于国际商业机器公司（IBM 公司）于 2008 年 11 月提出的"智慧地球"概念，即将新一代信息技术充分应用到各行各业，通过互联网构建物联网，并借助超级计算机和云计算，实现更加智能的工作和生活，从而在世界范围内提高"智慧水平"。

2009 年 3 月，国务院发布了《物流业调整和振兴规划》，提出要提高物流信息化水平，并加强物流新技术的开发和应用。当时，一些物流企业已经开始在物流活动中应用自动识别技术、卫星定位技术、无接触供电技术等高新技术，使物流活动具备了自动化、可视化、信息化等特点。

基于以上背景，中国物流技术协会信息中心、《物流技术与应用》编辑部等组织结合物流业信息化的发展情况，于 2009 年 12 月共同提出了"智慧物流"的概念。这一概念的提出，顺应了历史潮流，符合现代物流业智能化的发展趋势，对企业、物流业乃至整个国民经济的发展都具有至关重要的意义。

（资料来源：魏学将，王猛，张庆英．智慧物流概论［M］．北京：机械工业出版社，2020.）

三、智慧物流的特点

（一）数据化

智慧物流的数据化特点主要体现在以下几个方面：

（1）物流信息数据化。在智慧物流活动中，企业可以将物流人员信息、货物信息、物流流程信息等转化为电子数据，实现物流信息数据化。

（2）以数据驱动决策与执行。在智慧物流活动中，企业可以借助大数据技术，通过对海量数据的采集、处理与分析，在物流运作过程中实现精准决策，提高整体效能。

（3）数据共享。在智慧物流活动中，企业可以通过数据共享平台，实现物流信息的实时共享，从而避免信息孤岛的出现，提高物流活动的透明度和协同效率。

释疑解惑

信息孤岛是指没有信息交换的孤立的信息系统。信息孤岛会导致本应密切联系的业务流程被割裂。

（二）智能化

智能化是智慧物流的典型特点，体现在智慧物流活动的全过程中。在智慧物流活动中，企业可以借助自动控制技术、AI 技术等，实现对物流活动全过程的智能化管理，包括对物流需求的精准预测、对车辆的智能调度、对装卸搬运作业的自动控制等。

（三）柔性化

柔性化反映了“以客户为中心”的服务理念。在智慧物流活动中，企业可以根据客户的个性化需求，灵活、快速制订具有针对性的智慧物流服务方案，并根据实时监控得到的该方案的实施情况对方案进行适时调整，从而为客户提供可靠、优质的智慧物流服务。此外，企业还可以根据不同的物流场景和需求，灵活配置和扩展智慧物流系统的功能模块，以适应不同行业、不同规模的物流需求。

（四）协同化

在智慧物流活动中，企业内部各部门之间可以通过数据共享平台共享物流信息，促进各部门之间的有效沟通，从而优化作业流程，提高整体效率；同时，企业可以打破与其他企业之间的边界，加强与其他企业的协作，从而优化物流资源配置。

四、智慧物流的功能

（一）即时感知功能

在智慧物流活动中，企业能够实时采集与传递物流数据，使得物流活动的各方参与者都能实时、准确地掌握货物、运输工具和仓库等的相关信息。例如，企业能够利用北斗卫星导航系统（BDS）和地理信息系统（GIS）实时跟踪货物的运输状态。

（二）智能分析功能

在智慧物流活动中，企业能够借助大数据技术、云计算技术、AI 技术等，智能分析物流数据，挖掘数据特点，监控数据状态，从而及时发现物流运作过程中的漏洞或薄弱环节。

（三）科学决策功能

在智慧物流活动中，企业能够在综合分析运输时间、物流成本、服务能力及其他信息的基础上，预测物流需求、评估风险概率等，从而制订科学、合理的物流决策。

（四）自动作业功能

在智慧物流活动中，企业能够利用一系列互联互通、自主控制的智慧物流设施设备，如仓库管理系统（WMS）、仓储控制系统（WCS）、无人叉车、自动导引车（AGV，见图 1-3）等，实现物流作业自动化，从而提高物流作业效率。

图 1-3　AGV

科技之光

视觉导航无人叉车助力无人仓实现作业自动化

某无人仓通过投放视觉导航无人叉车（见图 1-4），实现了自动扫码、自动存取、自动搬运，货物分拣速度比人工分拣时的速度提高了 5 倍。

图 1-4　视觉导航无人叉车

视觉导航无人叉车通过搭载的相机不断拍摄周围环境，并从中提取具有辨识度的信息，如墙体、货架等固定物体和二维码等图形标识符。这些信息犹如现实世界中的路标，让视觉导航无人叉车能够判断自己身在何处。同时，视觉导航无人叉车将这些信息与离线地图匹配后，还能自动规划前往目的地的最佳线路，从而实现自动定位与自主运行。

课堂互动

你在生活中接触过哪些智慧物流活动？你所接触过的智慧物流活动与传统物流活动存在哪些区别？

智慧物流活动与传统物流活动的区别

任务实施

调查当地智慧物流行业的发展现状

任务背景：

2022 年 12 月 15 日，国务院办公厅发布了《“十四五”现代物流发展规划》，提出要推进物流智慧化改造，做好以下几个方面的工作：

（1）深度应用第五代移动通信（5G）、北斗、移动互联网、大数据、AI 等技术，分类推动物流基础设施改造升级，加快物联网相关设施建设，发展智慧物流枢纽、智慧物流园区、智慧仓储物流基地、智慧港口（见图 1-5）、数字仓库等新型物流基础设施。

（2）鼓励智慧物流技术与模式创新，促进创新成果转化，拓展智慧物流商业化应用场景，促进自动化、无人化、智慧化物流技术装备以及自动感知、自动控制、智慧决策等智慧管理技术应用。

（3）加快高端标准仓库、智慧立体仓储设施建设，研发推广面向中小微企业的低成本、模块化、易使用、易维护智慧装备。

图 1-5　智慧港口

实施步骤：

（1）全班学生自由分组，每组 4～6 人，并选出 1 名小组长。

（2）小组长组织小组成员研读上述材料，聚焦《“十四五”现代物流发展规划》中提出的智慧物流发展要求（如智慧物流基础设施建设、智慧物流技术创新、智慧物流设备制造与应用、智慧管理技术应用等），围绕其中的某一方面搜集相关资料，了解当地智慧物流行业的发展现状。

（3）小组长整理搜集到的资料，并组织小组成员撰写调查报告。

（4）小组长提交调查报告，教师进行点评。

任务二　了解智慧物流系统

任务导入

X 物流公司的智慧物流系统

X 物流公司创立于 2011 年，是一家综合型物流企业，专注于为客户提供优质的智慧物流服务。目前，X 物流公司已构建起具有全球配送能力的智慧物流系统，具体表现如下。

1．发达的智慧运输网络

X 物流公司拥有发达的智慧运输网络，包括 900 多条国际空运线路、500 多条国际海运线路、数十个智慧物流枢纽等，可在多个国家（地区）提供到港服务和到门服务。

2．智能化仓储

2024 年 3 月，X 物流公司的无人仓经全面升级后投入使用。该无人仓引进了无人叉车、AGV、机械臂、自动包装线等众多智慧物流设备，实现了货物装卸搬运、堆码、分拣、包装等物流环节的无人化操作。

3. 智能化配送

在配送环节，X物流公司采用独有的车辆路径算法，计算出每一个快件的最优配送线路，以最少的车辆和最短的时间安全完成配送任务。同时，X物流公司还推出了5G无人配送车（见图1-6），为无人配送的规模化应用奠定了坚实的基础。

图1-6　5G无人配送车

问题：

（1）什么是智慧物流系统？智慧物流系统具有哪些特点？

（2）智慧物流系统的组成要素有哪些？上述案例中体现了智慧物流系统的哪些组成要素？

一、智慧物流系统的概念

系统是指由若干相互联系、相互作用的要素结合而形成的具有一定结构和特定功能的有机整体。系统具有以下内涵：① 系统由两个或两个以上要素组成；② 各要素之间相互联系、相互作用，从而使系统能够保持相对稳定的状态；③ 系统的结构具有一定的有序性，从而使系统具有特定的功能。

智慧物流系统是指由若干相互联系、相互作用的智慧物流要素紧密结合而形成的以顺利提供智慧物流服务为目标的有机整体。企业建立智慧物流系统，并采取措施实现智慧物流系统合理化，能够有效组织“物”的流动，实现智慧物流活动中各环节的有效衔接，从而提高物流服务水平，降低物流运营成本。

二、智慧物流系统的特点

（一）整体性

整体性是智慧物流系统最基本的特点，主要体现在以下两个方面：

（1）智慧物流系统是一个整体，由多个相互联系、相互作用的智慧物流要素组成。某一组成要素的变化会引起其他组成要素和整个智慧物流系统的变化。

（2）智慧物流系统整体的特性和功能在原则上不能简单归结为各组成要素的特性和功能的总和；处于智慧物流系统整体中的各组成要素的特性和功能，也不同于它们处于孤立状态时的特性和功能。

（二）层次性

层次性是指智慧物流系统中的每一部分同样可作为一个系统来研究，而该智慧物流系统同时又是更大系统的一个组成部分。这意味着智慧物流系统是一个可分系统，无论其规模多么庞大，都可分解成若干相互联系的子系统。一般而言，智慧物流系统可划分为智慧运输子系统、智慧仓储子系统、智慧包装子系统、智慧装卸搬运子系统、智慧流通加工子系统、智慧配送子系统、智慧物流信息子系统等。与此同时，各子系统又可进一步划分。例如，智慧运输子系统可划分为智慧铁路运输子系统、智慧公路运输子系统、智慧水路运输子系统、智慧航空运输子系统、智慧管道运输子系统等。

（三）适应性

适应性是指智慧物流系统具有随着外界变化而改变其结构和功能的能力。智慧物流系统的适应性主要体现在以下两个方面：

（1）环境适应性。智慧物流系统可适应各种复杂的物流环境，根据环境变化自动调整物流策略，从而确保物流运作的高效性和安全性。

（2）需求适应性。智慧物流系统可根据客户需求的变化灵活调整物流服务方案，从而更好地满足客户的个性化需求。

（四）高效性

智慧物流系统的高效性主要体现在以下三个方面：

（1）智慧物流系统可借助物联网技术、大数据技术等先进的信息技术，实现物流信息的实时采集、处理与传递，使得物流信息流转速度更快、物流过程更加透明。

（2）智慧物流系统可通过合理规划作业流程，使各物流环节紧密衔接，减少等待时间和资源浪费，从而提高物流效率。

（3）智慧物流系统可通过大量采用无人叉车、AGV 等自动化设备，减少人工干预，降低错误率，提高整体作业效率。

三、智慧物流系统的组成要素

智慧物流系统的组成要素包括一般要素、功能要素、支撑要素和物质基础要素。

（一）一般要素

智慧物流系统的一般要素主要包括劳动者（见图 1-7）、资金、物等。

图 1-7　劳动者

（1）劳动者。劳动者是智慧物流系统的核心要素，也是第一要素。提高劳动者的素质，是构建科学、合理的智慧物流系统并使其有效运转的基础。

（2）资金。智慧物流活动中的交易需要以资金为媒介，智慧物流系统的建设也需要大量的资金投入。没有资金，智慧物流系统便无法正常运转。

（3）物。物主要包括原材料、半成品、产成品等各种货物，以及燃料、保护性材料等各种耗材。

典型案例

智慧物流系统的守护者

物料智能调度，物流管理全程可视化、科学化和信息化……智慧物流系统已成为H公司高质量发展的助推剂。这背后离不开一群乐于奉献的守护者。

1．勇于突破，赋能智慧物流

在H公司的车间里，AGV在运送物料时频频报错。原来，由于拆除了AGV上盛装物料的托盘，受物料形状的影响，AGV在取货时无法准确触发检测开关，以致出现了故障。眼看生产线因缺料而面临着停机风险，物流中控室里的工作人员心急如焚。

张师傅提出将检测程序中的机械式行程开关改为光电检测开关的想法。他自制了一个临时检测支架，然后找来多种型号的光电检测开关，通过无数次的试验，终于找到了合适的光电检测开关，并确定了最佳安装位置。

在物流中控团队的不懈努力下，H公司的智慧物流系统不断完善：AGV频频报错问题得到彻底解决，一号工程码系统读码准确率提升至100%，辅料供应系统达到最高出库效率……

2．全心奉献，绽放巾帼风采

H公司的物流中控团队超过半数成员为女性，她们温婉，坚强，专注。在组装与调试智慧物流系统时，她们认真监管，不断深入思考如何完善系统；在智慧物流系统发生故障时，她们对设备进行精准操控，高效保障物料供应……在琐碎的日常工作中，这群年龄跨度超过 30 岁的女性用坚忍的意志和卓越的能力撑起物流中控室的半边天。

这群智慧物流系统的守护者，以奋斗、创新和热爱诠释着责任的定义，他们用最昂扬的姿态使建设智慧企业的蓝图正逐步变为现实。

（二）功能要素

智慧物流系统的功能要素是指智慧物流系统所具有的基本能力，这些基本能力有效地组合在一起，为实现智慧物流系统的特定目标奠定坚实的基础。一般认为，智慧物流系统的功能要素包括智慧运输、智慧仓储、智慧包装、智慧装卸搬运、智慧流通加工、智慧配送、智慧物流信息处理等。

京东物流：智慧物流系统功能要素的实践与应用

（1）智慧运输。智慧运输的主要任务是高效实现货物的空间移动。企业可应用大数据技术、AI 技术、5G 技术等智慧物流技术和先进的管理方法，选择合适的运输方式、运输工具和运输线路，优化运输作业流程，实现运输工具实时调度、货物智能配载等，从而提高运输效率。

（2）智慧仓储。智慧仓储的主要任务是对进入智慧物流系统的货物进行堆码、保管、保养等。企业可应用条码技术、射频识别（RFID）技术、AI 技术等智慧物流技术和先进的管理方法，优化仓储作业流程，实现货物自动堆码、库存智能管理等，从而提高仓储效率。

（3）智慧包装。智慧包装存在于智慧物流活动的多个环节中，如在智慧运输过程中应用智能包装、在智慧流通加工过程中进行自动分装和再包装等。

（4）智慧装卸搬运。智慧装卸搬运是对智慧运输、智慧仓储、智慧配送等进行衔接的活动。企业应合理选择装卸搬运方式和设备，尽可能减少货物的装卸搬运次数，以降低物流成本，提高经济效益。

（5）智慧流通加工。智慧流通加工可弥补生产加工的不足，从而更有效地满足客户需求。

（6）智慧配送。智慧配送是由智慧运输派生出来的一种功能，一般集智慧运输、智慧包装、智慧装卸搬运、智慧流通加工于一体，并通过这些活动将货物送达客户。企业可应用物联网技术、网络通信技术等智慧物流技术和先进的管理方法，优化配送作业流程，以智慧物流设备互联、信息互通的方式促进配送智能化，实现智慧收件、配送线路自动优化等。

（7）智慧物流信息处理。智慧物流系统整体功能的发挥是通过各组成要素之间的相互联系、相互依赖和相互作用来实现的，这就要求智慧物流系统具备合理应用信息技术、及时处理与传递智慧物流信息的功能。可以说，智慧物流信息处理是智慧物流系统的中枢神经，在智慧物流系统中处于不可或缺的地位。

释疑解惑

在上述功能要素中，智慧运输和智慧仓储分别解决了货物供给者和需求者之间在空间和时间上的分离问题，创造了智慧物流的空间价值和时间价值。可见，智慧运输和智慧仓储是智慧物流系统中最主要的功能要素。

（三）支撑要素

智慧物流系统的正常运转需要许多支撑要素，尤其是处在复杂的社会经济系统中，为了明确智慧物流系统的角色，并协调其与其他系统之间的关系，这些支撑要素显得尤为重要。智慧物流系统的支撑要素主要包括体制与制度、法律规范、行政命令、标准体系等。

（1）体制与制度。体制与制度决定智慧物流系统的结构、组织形式、管理方式等。

（2）法律规范。智慧物流法律规范（如《智能快件箱寄递服务管理办法》等）不仅能为智慧物流活动提供法律保障，还能明确智慧物流活动参与者的权益与责任划分，从而保证智慧物流服务合同的顺利执行。

（3）行政命令。行政命令通过规范引导、协调沟通、监督管理、推动创新等方式，确保智慧物流系统的正常运转和持续发展，从而为社会生产和人们的日常生活提供强有力的保障。

（4）标准体系。智慧物流标准体系是保证智慧物流活动顺利开展，保证智慧物流系统与其他系统顺利对接的重要条件。

释疑解惑

根据交通运输部、国家标准化管理委员会于 2022 年 10 月发布的《交通运输智慧物流标准体系建设指南》，我国智慧物流标准体系由基础通用标准、设施设备标准[如《保温集装箱 远程状态监控》（GB/T 35550—2017）]、系统平台与数据单证标准[如《道路运输车辆卫星定位系统 平台技术要求》（GB/T 35658—2017）]、服务与管理标准[如《无人机物流配送运行要求》（JT/T 1440—2022）]、相关标准等构成。

（四）物质基础要素

智慧物流系统的建立和运转需要有大量的物质基础要素，这些要素的有机联系对于智慧物流系统的正常运转具有决定性作用。智慧物流系统的物质基础要素主要包括智慧物流设施、智慧物流设备、智慧物流工具、组织与管理等。

（1）智慧物流设施包括智慧仓库、智慧物流中心、智慧港口等。

（2）智慧物流设备包括智慧运输设备、智慧仓储设备、智慧装卸搬运设备、智慧流通加工设备等。

（3）智慧物流工具包括维护保养工具、办公用具等。

（4）组织与管理是智慧物流系统的“软件”，具有协调各要素、保障智慧物流系统功能得以实现的作用。

课堂互动

判断下列项目属于智慧物流系统的哪种组成要素：① 智慧配送中心；② 智慧包装设备；③ 物流企业员工；④ 国家发布的智慧物流政策；⑤ 用于建设智慧仓库的资金。

四、智慧物流系统的构成

智慧物流系统的构成如图 1-8 所示。各子系统并非独立存在、单独运行的，而是相互交融、相互协调、相互配合，从而实现各物流环节之间的完美衔接和智慧物流系统的高效运转。

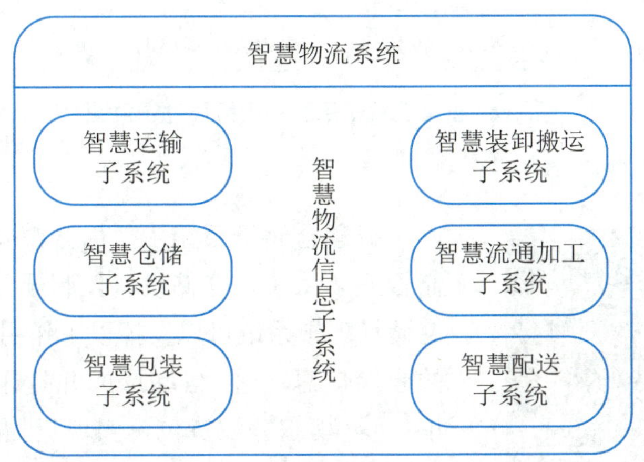

图 1-8　智慧物流系统的构成

（一）智慧运输子系统

智慧运输子系统主要由智慧运输信息子系统、运输工具控制子系统、货运管理子系统、紧急救援管理子系统等构成。区别于传统运输子系统，智慧运输子系统可以通过运输工具和货物上的追踪识别装置，实时采集运输工具的位置信息和货物的状态信息，从而输出货物预计到达时间等信息，为物流中心配送计划、仓库库存管理策略的确定提供依据。智慧运输子系统的运行原理如图 1-9 所示。

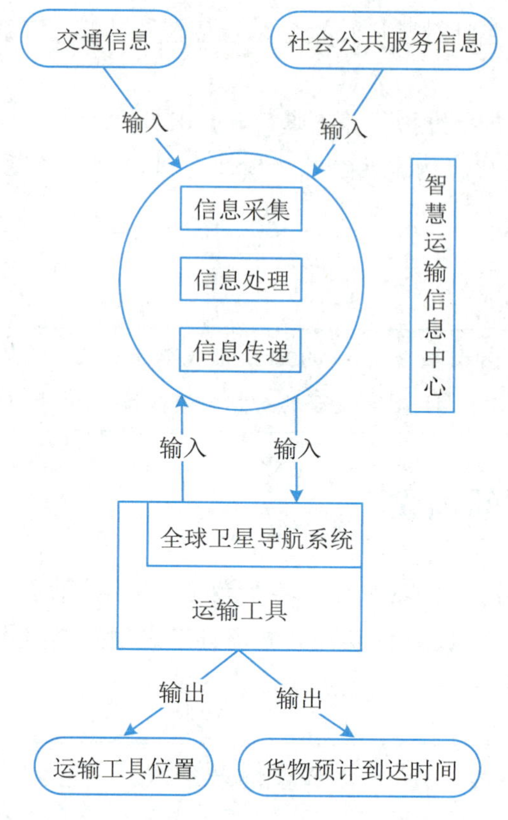

图 1-9　智慧运输子系统的运行原理示意图

（二）智慧仓储子系统

图 1-10　码垛机器人

智慧仓储子系统主要由智慧仓储信息子系统、仓储管理子系统、仓储设备控制子系统等构成。其中，仓储管理子系统可以发挥以下作用：① 自动获取精确的仓储信息；② 自动形成并打印入库清单和出库清单；③ 动态分配货位，实现货物随机储存；④ 方便工作人员查询货物储存位置、储存时间、库存量等信息；⑤ 自动汇总和统计各类信息，并输出各类报表。仓储设备控制子系统可以通过控制 AGV、码垛机器人（见图 1-10）等各种智慧仓储设备，实现仓储作业自动化。

（三）智慧包装子系统

通过智慧包装子系统，企业可以实时监测、分析和追溯与货物包装有关的各种数据，从而提高包装效率和包装质量。具体而言，智慧包装子系统可以发挥以下作用：

（1）实现包装作业智能化。智慧包装子系统可以借助物联网技术和大数据技术，实现对包装作业过程的实时监测与管理。例如，通过在包装线上安装传感器，企业可以实时监测包装设备的运行状态、温度等，并及时掌握包装材料的供应情况；通过分析历史包装数据，企业可以识别出包装作业过程中的材料浪费问题等；通过实时监测和预警功能，企业可以及时发现和解决包装破损问题等。

（2）实现包装决策智能化。智慧包装子系统可以借助AI技术和大数据技术，深入分析各种包装数据，从而优化包装决策。例如，通过深入分析货物性质、运输环境和市场需求等信息，企业可以优化包装设计，增强包装效果；借助机器学习算法，企业可以构建一个预测模型，使其能够根据货物性质和包装要求等参数，自动推荐合适的包装材料和包装方式。

（四）智慧装卸搬运子系统

智慧装卸搬运子系统主要由智慧装卸搬运信息子系统、装卸搬运设备控制子系统、智能决策子系统等构成。企业可以借助物联网技术和智能监控技术，实时采集装卸搬运数据，并将其传递给智能决策子系统，然后由智能决策子系统合理选择装卸搬运方式和设备，从而尽可能减少装卸搬运次数、缩短装卸搬运时间。

（五）智慧流通加工子系统

智慧流通加工子系统主要由智慧流通加工信息子系统、流通加工设备控制子系统、物料管理子系统等构成。智慧流通加工子系统可以发挥以下作用：

（1）借助物联网技术和智能监控技术，实时采集、处理和传递流通加工过程中的各种数据，从而增强流通加工过程的可控制性。

（2）借助自动化的流通加工设备和智能化的流通加工管理信息系统，优化流通加工作业流程，减少人工处理产生的错误，提高流通加工效率。

释疑解惑

管理信息系统是指利用计算机技术等信息处理手段，对组织中的各种信息资源进行有效管理（包括信息的采集、储存、加工、传递、维护和使用等方面）的系统。管理信息系统具有数据处理、计划、控制、辅助决策等功能。

（3）精确控制流通加工过程中的物料消耗、辅料消耗、能源消耗和人力成本，减少资源浪费，提高资源利用率，从而降低物流成本。

（六）智慧配送子系统

智慧配送子系统主要由智慧配送信息子系统、配载方案与配送线路智能规划子系统、配送设备智能追踪子系统等构成。智慧配送子系统的运行原理如下：

（1）智慧配送信息子系统对配送信息（如货物信息、收货人信息等）进行采集、处理后，将其传递给配载方案与配送线路智能规划子系统。

（2）配载方案与配送线路智能规划子系统根据配送货物的地理位置分布，应用地理编码和线路规划技术，规划配送设备的最佳行驶线路，然后根据行驶线路进行货物配载。

（3）配送设备智能追踪子系统实时采集交通信息，帮助配载方案与配送线路智能规划子系统根据交通状况随时优化配送线路。

（七）智慧物流信息子系统

智慧物流信息子系统是智慧物流系统的重要构成部分，也是智慧物流系统的“神经系统”，支撑着各子系统的正常运行。智慧物流信息子系统的运行原理如图 1-11 所示。

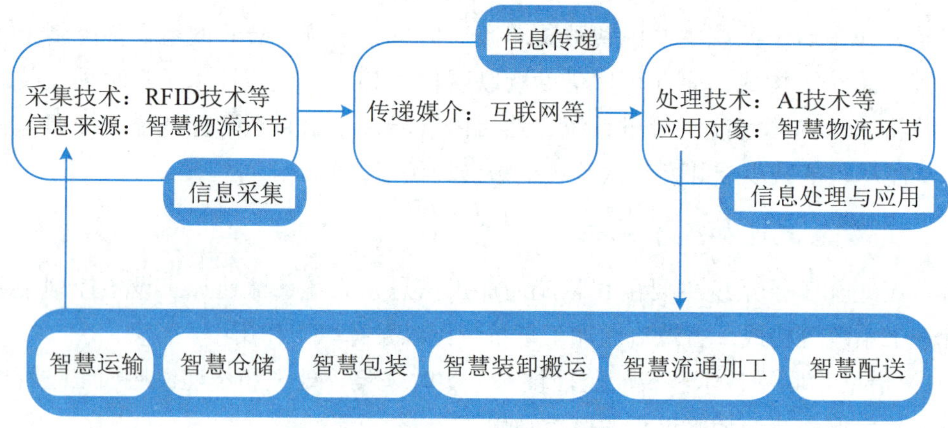

图 1-11　智慧物流信息子系统的运行原理示意图

了解智慧物流系统的功能要素

实施步骤：

（1）全班学生自由分组，每组 4～6 人，并选出 1 名小组长。

（2）各小组选择一家知名物流企业，通过查找网络或书籍资料，了解该企业智慧物流系统功能要素的情况，并分析这些功能要素存在的优劣势。

（3）小组长记录和整理分析结果，并组织小组成员制作 PPT。

（4）小组长上台展示 PPT，其他小组发表看法，教师进行点评。

学习成果检测

1．填空题

（1）物流主要通过____________、延长时间差、____________等方式来创造时间价值。

（2）智慧物流系统是指由若干相互联系、相互作用的____________紧密结合而形成的以顺利提供智慧物流服务为目标的有机整体。

（3）智慧物流系统的组成要素包括一般要素、_________、支撑要素和_________。

2．单选题

（1）分散在深山中的煤没有任何价值，但经过采掘并运输到其他地方作为发电、取暖的燃料时，煤的价值就得以实现。这体现的是物流的（　　）。

A．时间价值　　B．空间价值　　C．附加价值　　D．时空价值

（2）在智慧物流活动中，企业可以打破与其他企业之间的边界，加强与其他企业的协作，从而优化物流资源配置。这体现的是智慧物流的（　　）特点。

A．智能化　　B．柔性化　　C．数据化　　D．协同化

（3）以下选项中，（　　）不属于智慧物流系统的特点。

A．个体性　　B．层次性　　C．适应性　　D．整体性

（4）以下选项中，（　　）不属于智慧物流系统的功能要素。

A．智慧物流设施　　B．智慧装卸搬运

C．智慧流通加工　　D．智慧物流信息处理

3．判断题

（1）物流只能创造时间价值和空间价值。（　　）

（2）将散装货物分装成适合销售的小包装货物，可以增强其对消费者的吸引力，从而促进销售。这体现的是物流的附加价值。（　　）

（3）智慧物流以物联网技术为基础。（　　）

（4）智慧物流系统是一个整体，是不可分的。（　　）

4．简答题

（1）简述物流的分类。

（2）智慧物流的数据化特点主要体现在哪几个方面？

（3）简述智慧物流的功能。

（4）简述智慧物流系统的构成。

学习成果评价

请进行学习成果评价，并将评价结果填入表1-1中。

表1-1 学习成果评价表

评价项目	评价内容	分值	评价分数	
			自评	师评
知识（40%）	物流的概念、价值和分类	5		
	智慧物流的概念	5		
	智慧物流的特点	5		
	智慧物流的功能	5		
	智慧物流系统的概念	5		
	智慧物流系统的特点	5		
	智慧物流系统的组成要素	5		
	智慧物流系统的构成	5		
技能（40%）	能够按照不同的标准对物流进行分类	20		
	能够正确识别智慧物流系统的组成要素	20		
素养（20%）	乐于学习，勤于学习，善于学习	5		
	具备团队精神，积极与人合作	5		
	严谨细致，精益求精	5		
	树立创新意识，挖掘创新潜能	5		
合计		100		
总评（自评×40%+师评×60%）			教师签名：	

项目二 智慧运输

项目导读

智慧运输是智慧物流系统的主要功能要素之一，它解决了货物生产与消费在地域上不同的矛盾，对拉动生产与消费、发展国民经济起到了促进作用。智慧运输作为一种现代化的物流活动，不仅是科技与物流的完美结合，更是对传统运输模式的深度革新与升级，深刻地改变着人们的生活方式和社会的生产方式。随着科技的不断进步，智慧运输将会成为企业提高物流效益和降低物流成本的重要手段之一。

知识目标

✓ 了解运输的概念、分类和原则。

✓ 理解智慧运输的概念、特点和作用。

✓ 了解传感探测技术、RFID 技术及其应用。

✓ 熟悉全球卫星导航系统、GIS 及其应用。

✓ 了解自动驾驶技术及其应用。

技能目标

✓ 能够简要介绍各种智慧运输技术的特点、功能、工作原理等。

✓ 能够清楚讲解各种智慧运输技术的应用。

素质目标

✓ 学习“自动驾驶技术助力钢铁企业提高场内运输效率”这一案例，深刻理解“科技是第一生产力”的道理，培养尊重科学、积极创新的意识。

✓ 了解 BDS 的相关内容，体会新时代北斗精神的内涵，增强民族自信心。

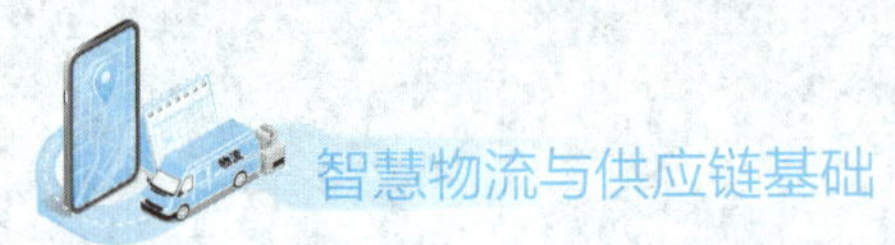

任务一 认识智慧运输

任务导入

钢水无人化运输系统上线

2023 年 7 月，钢水无人化运输系统在鞍山钢铁集团有限公司（以下简称“鞍钢集团”）正式上线，为钢铁企业开展智慧运输活动、实现数字化转型和智能化升级提供了全新方案。

钢水无人化运输系统应用了多网融合定位和多传感器融合检测技术，具备复杂环境实时监测、障碍物自动识别和运输工具自动驾驶等功能，实现了钢水调度智能化、机车（即用来牵引车厢在铁路线路上行驶的动力车，见图 2-1）作业无人化。应用该系统，不仅有利于提高钢水运输效率，还有利于降低司乘人员的工作强度。

图 2-1 机 车

问题：

（1）什么是智慧运输？智慧运输具有哪些特点？

（2）智慧运输具有哪些作用？

一、运输概述

（一）运输的概念

运输是指利用运输工具（如铁路货车，见图 2-2）、运输设施（如铁路线路，见图 2-3）和人力等运力资源，使货物在较大空间上产生位移的活动。运输过程还会涉及集货、分配、中转、搬运、装入、卸下、分散等一系列活动。

图 2-2　铁路货车

图 2-3　铁路线路

（二）运输的分类

1. 按运输方式划分

按运输方式划分，运输可分为公路运输、铁路运输、水路运输、航空运输和管道运输。

（1）公路运输是指使用汽车或其他车辆（如人力车、畜力车等）在公路上载运货物的运输方式。

（2）铁路运输是指使用铁路货车在铁路线路上载运货物的运输方式。

（3）水路运输是指使用船舶（如集装箱船、液化天然气船，见图 2-4）、排筏等运输工具在江河、湖泊、海洋上载运货物的运输方式。

集装箱船

液化天然气船

图 2-4　船　舶

（4）航空运输是指以航空港为基地，使用飞机或其他飞行器在航空线路上载运货物的运输方式。

释疑解惑

航空港是指从事商业性运输的大型机场及配套建筑和服务设施的总称。航空港拥有较大容量的跑道、滑行道、停机坪和先进的导航、助航设施，能为飞机的安全、有序起降提供充分的保障。

（5）管道运输是指使用管道（见图 2-5）输送气体、液体和粉状固体货物的运输方式。

图 2-5　管　道

知识之窗

不同运输方式的优缺点和适用范围

公路运输、铁路运输、水路运输、航空运输和管道运输等五种运输方式的优缺点和适用范围具体如下所述。

1. 公路运输

公路运输的优点主要有：① 机动、灵活，可实现“门到门”运输；② 短距离运输成本较低；③ 原始投资少，投资回收期短；④ 技术改造容易。其缺点主要有：① 运量小；② 长距离运输成本较高；③ 会对环境造成一定污染。公路运输可以满足客户的个性化需求，适用于中小批量货物的短距离运输。

2. 铁路运输

铁路运输的优点主要有：① 运输速度较快；② 运量大；③ 长距离运输成本较低；④ 受自然条件的影响小；⑤ 运输的安全性和准点送达率高。其缺点主要有：① 短距离运输成本较高；② 机动性、灵活性较差，受列车站点和轨道的限制，只能在固定线路上运输，受运行时刻安排、中途编组等因素的影响，无法满足客户的紧急需求。铁路运输尤其适用于大宗货物的长距离集中运输。

3. 水路运输

水路运输的优点主要有：① 运量大；② 运输成本低；③ 能耗小。其缺点主要有：① 运输速度慢；② 易受自然条件（如水位、天气等）的影响；③ 装卸搬运成本较高。水路运输主要适用于大宗货物的长距离运输。在内河和沿海地区，水路运输也适用于小批量货物的运输。

4．航空运输

航空运输的优点主要有：① 运输速度快；② 不受地形的限制；③ 运输的安全性较高。其缺点主要有：① 运输能力有限；② 运输成本高；③ 受天气条件的影响大。航空运输主要适用于以下两类货物：① 高价值货物，如精密仪器（见图 2-6）、高档服装等；② 急需的货物，如救灾物资等。

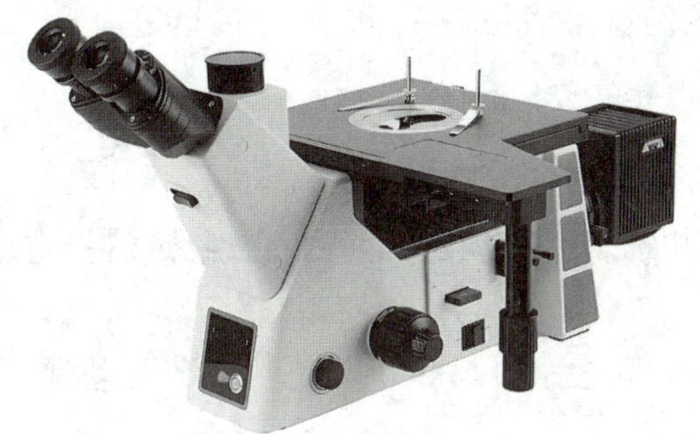

图 2-6　精密仪器

5．管道运输

管道运输的优点主要有：① 运量大；② 受气候条件的影响小；③ 运输过程中货物丢失的概率小。其缺点主要有：① 运输货物的种类有限；② 运输线路固定，灵活性较差；③ 管道清理成本高。管道运输主要适用于需要连续不断运输的货物，如原油、天然气、煤浆等。

2．按运输线路划分

按运输线路划分，运输可分为干线运输、支线运输、二次运输和场内运输。

（1）干线运输是指利用铁路、公路的干线（即运输网络中的骨干线路）或大型船舶的固定航线进行的运输。干线运输具有运输距离长、运量大、运输速度快等特点。

（2）支线运输是指在与干线相接的分支线上进行的运输。由于支线的建设水平往往低于干线，因此支线运输的速度相对较慢。

（3）二次运输是指通过干线、支线将货物运输到站后，从站到客户仓库或其他指定接货地点的运输。二次运输是一种补充性运输，具有运输距离短、运量小等特点。

（4）场内运输是指在工业企业内，直接为生产过程提供服务的运输，一般在车间与车间、车间与仓库之间进行。场内运输具有运输距离短、运量小、运输速度慢、运输成本高等特点。

课堂互动

在车间或仓库内部进行的货物位移可称为场内运输吗？为什么？

3. 按运输的协作程度划分

按运输的协作程度划分，运输可分为一般运输和联合运输。

（1）一般运输是指单一地采用同种运输工具或孤立地采用不同运输工具，而没有形成有机协作关系的运输，如单一的公路运输、铁路运输等。

（2）联合运输是指使用同一运输凭证，以不同运输方式或由不同运输企业协同将一批货物运送到目的地的运输，如陆海联运、陆空联运等。

（三）运输的原则

企业组织运输工作时应遵循以下原则：

（1）及时。按照客户需求，在规定时间内将货物送达指定地点，尽量缩短货物的在途时间。

（2）准确。在货物运输过程中，尽量避免出现各种差错，准确地将货物送达指定地点。

（3）经济。选择合适的运输方式、运输线路和运输工具，以提高运输效率，降低运输成本。

（4）安全。在运输货物前做好防护工作，防止货物在运输过程中发生霉烂、破损、丢失等情况。

二、智慧运输的概念

智慧运输是指在智能交通系统的基础上，在货物运输领域充分应用传感探测技术、RFID 技术、全球卫星导航系统、GIS、自动驾驶技术及相关信息技术，实现货物智慧配载、运输工具智能调度、运输线路智能优化、货物状态实时监控等，并提高运输管理能力的运输活动。

释疑解惑

智能交通系统是指基于电子信息与计算机技术、通信技术、物联网技术、移动互联网技术、控制技术、云计算技术、大数据技术、AI 技术和先进的软件系统等手段，以更大限度提升交通运输的效率、服务能力和服务水平，提高交通系统的可靠性和安全性，减少能源消耗和对自然界的污染，充分发挥交通出行者和决策者在交通系统中的主观能动性为目的构建的交通系统。

三、智慧运输的特点

智慧运输的应用

（一）实时化

智慧运输的实时化特点主要体现在以下几个方面：

（1）实时数据监测。在智慧运输活动中，企业可以实时获取运输工具位置、货物状态、交通状况等方面的数据，从而实时掌握货物运输情况。

（2）实时线路调整。在智慧运输活动中，企业可以基于运输工具的实时位置和实时交通状况等，动态调整运输线路，及时避开拥堵路段。

（3）实时风险预警。在智慧运输活动中，企业可以借助大数据技术和机器学习算法，实时识别潜在的风险因素（如天气变化、交通事故等），从而及时采取应对措施。

（4）实时数据共享。在智慧运输活动中，企业可以与其他参与方实时共享运输数据，从而提高运输活动的透明度和协同效率。

（二）自动化

智慧运输的自动化特点主要体现在以下两个方面：

（1）作业自动化。在智慧运输活动中，企业可以借助自动控制技术和各种自动化设备，实现运输作业自动化，如自动驾驶、自动装卸等。

（2）数据采集、处理与分析自动化。在智慧运输活动中，企业可以利用安装在运输工具和运输设施上的各种传感器，自动采集各种运输数据，然后通过各种算法和模型，对采集到的数据进行自动处理与分析，挖掘数据中的潜在价值。

（三）灵活化

在智慧运输活动中，企业可以根据实际情况快速调整和优化运输计划（如调整运输线路、改变运输方式等），以适应外界环境的不断变化。

（四）可追溯性

在智慧运输活动中，所有运输数据（如货物的流动路径、状态变化和相关责任人的信息等）都会被记录和储存。当货物出现问题时，企业可以通过查询运输数据，迅速追踪到问题的源头，了解问题产生的原因，明确责任人，并及时采取补救措施。

（五）绿色化

在智慧运输活动中，企业可以综合运用各种新兴技术和先进的管理方法，选择合适的运输方式，优化运输线路，提高运输工具实载率，减少空驶等浪费现象，从而减少能源消耗和废气排放，实现绿色低碳可持续发展。

四、智慧运输的作用

（一）降低运输成本

智慧运输在助力企业降低运输成本方面有显著作用，具体体现在以下几个方面：

（1）通过实时监控和智能调度运输工具，企业可以合理规划运输线路，及时避开拥堵路段，从而缩短绕行和等待的时间，进而减少能源消耗。

（2）借助传感探测技术、全球卫星导航系统等，企业可以实时跟踪货物的位置和状态，确保货物的运输安全，从而降低因货损而产生的成本。

（3）借助自动控制技术等，企业可以提高运输作业效率，节省时间成本和人工成本。

（二）提高运输服务质量

在智慧运输活动中，企业可以为客户提供货物跟踪与监控服务，让客户实时了解货物的位置与状态等信息；通过合理选择运输方式、优化运输线路、减少中转次数等，缩短货物在途时间，从而满足客户对快速交付货物的需求；采取自动化和智能化手段，减少人工操作中的疏漏，从而提高客户对运输服务的满意度。

（三）优化资源配置

在智慧运输活动中，企业可以实时获取运输过程中的各种数据，如运输设施的分布情况、客户的分布情况、交通状况等。通过深入分析这些数据，企业可以更加准确地了解运输服务的供求情况和运输过程中的瓶颈所在，从而做出更加科学、合理的资源配置决策，避免运输资源短缺或过剩，确保运输活动平稳进行。此外，通过数据共享平台，企业可以实时了解其他企业的运输资源（如运输工具保有量等），与其他企业进行资源共享和协同管理，从而实现资源互补。

典型案例

京东物流推出数智化运输履约决策平台

为了降低社会物流成本、提高物流效率等，京东物流推出了数智化运输履约决策平台。该平台深度融合了AI技术、物联网技术、大数据技术、云计算技术、5G技术等前沿技术，结合运输优化、货运量预测等功能模块为复杂系统提供智能化的决策支持，支持公路运输、航空运输、铁路运输和多式联运等多种运输方式，实现了物流运输的全链条智能化管理。

该平台通过综合货运量、运输时效、能耗等多种因素，实现了对社会资源的最大化利用，从而显著减少了货物搬运次数和车辆等货时间，降低了车辆空驶率和整体物流成本。此外，该平台应用物联网技术等，实现了在运输过程中实时跟踪人、车和货的状态，智能识别驾驶员不安全驾驶行为、线路偏离等异常情况。一旦发现异常情况，该平台会及时提醒并指导驾驶员处理。

该平台每天可处理超过10万车次的运输任务，显著提高了整条供应链的运输效率，帮助众多客户实现了降本增效。

（资料来源：《京东物流“数智化运输履约决策平台”连获国际大奖！助力降低全社会物流成本》，京东物流官网，2024年12月10日）

搜集有关智慧运输的政策法规

实施步骤：

（1）全班学生自由分组，每组4～6人，并选出1名小组长。

（2）小组长组织小组成员探讨智慧运输的内涵，明确搜集相关政策法规时可能用到的关键词，如“智慧运输法规”“智慧交通政策”“智慧公路建设规划”“自动驾驶政策”等。

（3）各小组根据关键词查找网络或书籍资料，搜集国家或地方层面发布的有关智慧运输的政策法规，包括政策法规原文、解读、实施细则等。

（4）各小组按照一定标准（如类型、适用范围等）对搜集到的政策法规进行分类。

（5）各小组根据分类结果，从整体上把握相关政策法规的框架和脉络，并探讨这些政策法规对推动我国智慧运输产业发展的意义。

（6）小组长记录和整理探讨结果，并组织小组成员制作PPT。

（7）小组长上台展示PPT，其他小组发表看法，教师进行点评。

任务二 熟悉智慧运输技术及其应用

Z市危化品运输监管可视化展示系统上线

某科技公司应用GIS开发了Z市危化品运输监管可视化展示系统。该系统主要包括以下四大模块：

（1）危化一张图。该系统将Z市的危化品生产企业、运输企业、运输车辆、装卸区域、车位等元素融于一张图中。企业可在操作界面上快速定位某一元素，并查看其详情。

（2）精准监控。通过该系统，企业可精准锁定危化品运输车辆的地理位置，并实时查看人、车、货的相关情况。

（3）综合预警。该系统可对危化品运输过程中的风险进行综合预警，并将车牌识别结果、视频分析结果、驾驶员资质认证信息等与地理空间数据结合，使企业可实时掌握预警信号发出的位置。

（4）应急管理。通过该系统，企业可测算突发事件的影响范围，查询事件发生地周边的应急资源，从而为制订应急方案提供信息支持。

问题：

（1）GIS具有哪些功能？上述案例中体现了GIS的哪些功能？

（2）GIS是如何应用于智慧运输领域的？

（3）除了GIS外，还有哪些智慧运输技术？

一、传感探测技术

（一）什么是传感探测技术

传感探测技术是指利用传感器获得目标对象的物理信息（如温度、湿度、重量、体积、压力等），并将其按照一定规律转换成可用输出信号的技术。

（二）传感探测技术的应用

在智慧运输领域，企业可以利用传感探测技术实现货物的安全运输：

（1）通过在运输工具上配置温度传感器，实时监测装载空间内的温度变化，一旦温度超出设定范围，就会发出警报，提醒工作人员及时采取应对措施，防止货物因温度变化而出现腐烂变质等问题。

（2）通过在运输工具上配置湿度传感器，实时监测装载空间内的湿度变化，一旦湿度超出设定范围，就会发出警报，提醒工作人员及时采取应对措施，防止货物因湿度变化而出现受潮、发霉等问题。

（3）通过在运输工具上配置重量传感器，实时监测货物的重量变化，一旦重量超出设定范围，就会发出警报，提醒工作人员及时采取应对措施，防止货物出现散失等问题。

二、RFID 技术

（一）什么是 RFID 技术

RFID 技术是指通过无线电信号识别目标对象并读取相关信息的非接触式自动识别技术。该技术具有以下优点：① RFID 读写器（见图 2-7）在恶劣环境（如潮湿、阴暗的环境）中仍可读取信息；② RFID 标签变形、浸湿，不会影响信息的读取；③ RFID 读写器可同时读取多个高速运动目标对象的信息；④ RFID 读写器的识别距离远。

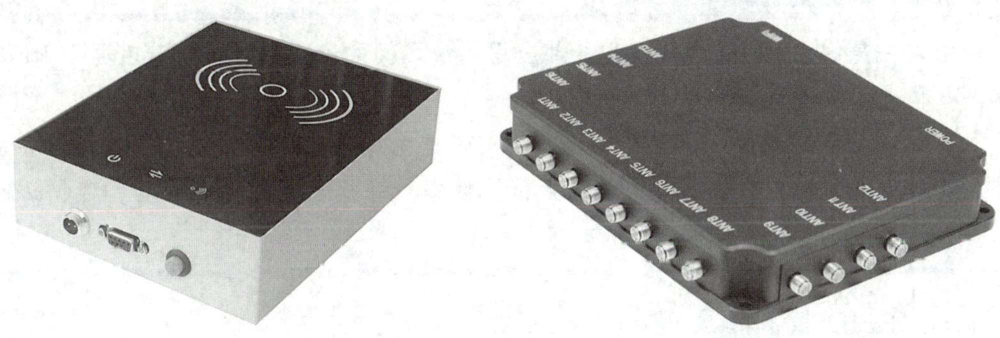

图 2-7　RFID 读写器

释疑解惑

RFID 标签是指用于物品识别、具有信息储存功能、可接收 RFID 读写器发射的无线电信号并返回响应信号的数据载体。

（二）RFID 技术的工作原理

RFID 技术的工作原理（见图 2-8）如下：

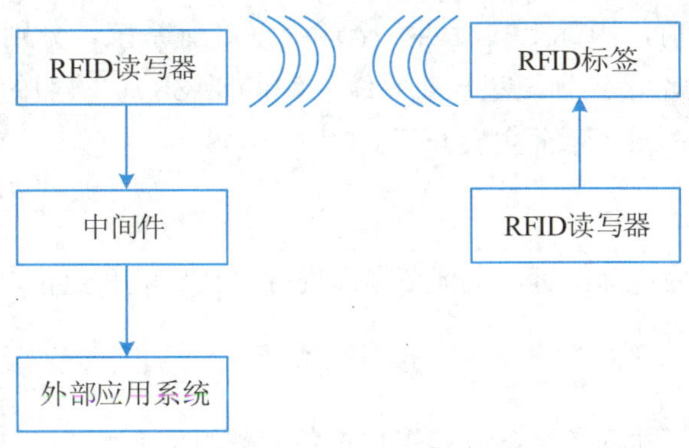

图 2-8　RFID 技术的工作原理

（1）利用 RFID 读写器预先将信息写入 RFID 标签中。

（2）RFID 读写器向外发射无线电信号，形成电磁场。

（3）RFID 标签进入 RFID 读写器的识别范围内时，RFID 读写器自动读取 RFID 标签中的信息。

（4）中间件对 RFID 读写器读取到的信息进行提取、解码等，然后传递给外部应用系统。

释疑解惑

中间件是位于 RFID 读写器和外部应用系统之间的独立软件，扮演着联系 RFID 读写器和外部应用系统的中介角色。

外部应用系统包括人员管理系统、生产管理系统、财务管理系统等各类业务系统，接收 RFID 系统等数据采集系统上传的数据，并提供数据储存管理和数据访问服务。

（三）RFID 技术的应用

在智慧运输领域，企业可以在运输工具和货物上贴上 RFID 标签，并在仓库、码头、车站、机场等关键物流节点安装 RFID 读写器，当运输工具和货物进入 RFID 读写器的识别范围内时，RFID 读写器会自动读取 RFID 标签中的信息，并将这些信息传递给运输调度中心，使企业可以对处于运输环节中的运输工具和货物进行跟踪与管理。

条码识读原理

三、全球卫星导航系统

全球卫星导航系统是指能够在全球范围内提供全天候定位、导航和授时服务的卫星导航系统的通称。目前，国际上共有四大全球卫星导航系统，分别为美国的全球定位系统（GPS）、俄罗斯的格洛纳斯卫星导航系统（GLONASS）、欧盟的伽利略卫星导航系统（Galileo）和我国的 BDS。下面主要介绍 GPS 和 BDS。

（一）GPS

GPS 以人造卫星为基础，可在全球范围内进行卫星导航和定位，为用户提供实时三维位置、速度和时间等信息。

1. GPS 的组成

GPS 由空间部分、地面控制部分和用户设备部分组成。

（1）空间部分——GPS 卫星。空间部分由 24 颗卫星组成，这些卫星均匀分布在 6 个轨道平面近圆轨道上，每个轨道上分布 4 颗，轨道倾角为 55°。这种卫星布局使得人们在地球上的任何地方、任何时间都可以同时观测到至少 4 颗卫星，从而确保 GPS 具有较高的定位精度和较强的全球导航能力。

（2）地面控制部分——地面监控系统。地面控制部分包括主控站、卫星监测站和上行信息注入站（又称地面天线）以及将它们联系起来的数据通信网络。

释疑解惑

主控站拥有以大型电子计算机为主体的数据接收、计算和传输设备，是整个 GPS 的核心，其主要任务是接收观测数据、计算导航信息。

卫星监测站的主要任务是接收卫星信号，监测卫星的工作状态，并向主控站提供观测数据。

上行信息注入站的主要任务是将主控站计算出的导航信息注入卫星的储存器中，并自动向主控站发射信号。

（3）用户设备部分　GPS 用户终端。用户设备部分主要包括 GPS 接收机及其天线、微处理器及其终端设备、处理软件、电源等。其中，GPS 接收机及其天线是用户设备部分的核心，习惯上统称为 GPS 接收机。用户设备部分的主要功能是接收卫星信号，为用户提供所需要的位置、速度和时间等信息。

2. GPS 的应用

在智慧运输领域，企业可以利用 GPS 实现以下功能：

（1）导航。导航功能是 GPS 的基本功能之一。车辆、船舶、飞机等都可以利用 GPS 用户终端进行导航。在智慧运输活动中，常见的具有 GPS 导航功能的设备有车载 GPS 导航仪（见图 2-9）和智能手机等。

图 2-9　车载 GPS 导航仪

（2）定位、跟踪。GPS 可以对运输工具进行实时定位、跟踪。运输调度中心的工作人员可以利用 GPS 和电子地图实时查看运输工具的位置，跟踪运输工具的行驶线路。

（3）行驶线路规划和设计。GPS 可以为运输工具规划和设计行驶线路，具体体现在以下两个方面：① 自动规划行驶线路，用户在 GPS 用户终端上设定起点和终点后，GPS 用户终端会自动计算行程距离并规划合适的行驶线路，如用时最短的线路、距离最短的线路、经过红绿灯数量最少的线路等；② 人工设计行驶线路，用户根据自己的需求，在 GPS 用户终端上设定起点、途经点（可以是多个）和终点后，GPS 用户终端会根据该设定设计并显示行驶线路。

（4）运输工具调度。运输调度中心的工作人员可以利用 GPS 用户终端监控运输工具的载荷情况、位置等信息，据此合理安排运输工具的运输任务，并对运输工具进行调度，以减少其空返次数，缩短等待时间。

（二）BDS

BDS 是我国着眼于国家安全和社会经济发展需要，自主研制的全球卫星导航系统，是国家重要时空基础设施，能够为全球用户提供全天候、全天时、高精度的定位、导航和授时服务。

1. BDS 的组成

BDS 由空间段、地面段和用户段组成。

（1）空间段。空间段由若干地球静止轨道卫星、倾斜地球同步轨道卫星和中圆地球轨道卫星等组成。

（2）地面段。地面段包括主控站、时间同步/注入站和监测站等若干地面站，以及星间链路运行管理设施。

（3）用户段。用户段包括北斗兼容其他卫星导航系统的芯片、模块、天线等基础产品，以及终端产品、应用系统与应用服务等。

2. BDS 的特点

BDS 具有以下三大特点：

（1）BDS 的空间段采用由三种轨道卫星组成的混合星座，与其他全球卫星导航系统相比高轨卫星更多，抗遮挡能力更强，尤其在低纬度地区性能优势更明显。

（2）BDS 提供多个频点的导航信号，能够通过多频信号组合使用等方式提高服务精度。

（3）BDS 创新融合了导航与通信能力，具备定位导航授时、星基增强、地基增强、精密单点定位、短报文通信和国际搜救等多种服务能力。

课堂互动

请对比 GPS 和 BDS，并简要分析两者的区别。

GPS 和 BDS 的区别

3. BDS 的应用

在智慧运输领域，企业可以利用 BDS 实现以下功能：

（1）实时跟踪与监控。借助 BDS，企业可以实时获取货物的位置信息，并对货物进行远程跟踪与监控，从而有利于合理调配货物和提高货物运输的安全性。

（2）行驶线路规划与导航。借助 BDS，企业可以根据货物的重量、体积等参数，结合不同线路的交通状况，合理调度运输工具并选择最佳线路，从而缩短运输时间。

（3）运输安全保障。在运输货物的过程中，运输工具一旦出现事故或其他异常情况，BDS 的用户终端可以及时发出警报，企业可以根据 BDS 提供的信息，迅速采取紧急救援措施，以减少损失。

典型案例

BDS 助力友谊关口岸实现 24 小时通关过货

2023 年，中越边境广西凭祥综合保税区友谊关口岸（见图 2-10）在 BDS 的助力下升级为智慧口岸。

图 2-10　友谊关口岸

友谊关口岸采用基于 BDS 与 5G 技术的无人驾驶等方式，使无人车具备全程定位与导航功能，能够在封闭的道路上自行运输集装箱货物，进而实现口岸 24 小时通关过货。工作人员介绍道："预计友谊关口岸的无人车日通关量能够达到 3 000 辆，加上传统货车的通关量，该口岸日通关总量有望达到 4 000 多辆。"

友谊关口岸实现智慧升级后，将更好地保障中国—东盟跨境物流通道畅通，助力进出口贸易的发展。

（资料来源：黄令妍、蒋雪林，《广西友谊关口岸通关走向智慧化 中越跨境物流更畅通》，中国新闻网，2023 年 6 月 28 日）

四、GIS

GIS 是指用于地理空间数据采集、储存、处理、查询、分析、利用和可视化的电子计算机信息系统。

释疑解惑

地理空间数据是指描述地理事物的地理特征、时间分布、空间分布和相互关系的数据。

（一）GIS 的组成

GIS 主要由硬件系统、软件系统和地理空间数据库组成。

1. 硬件系统

硬件系统支持、制约着 GIS 的规模、测量精度、运行速度、功能、使用方法等。硬件系统一般包括计算机、数据输入设备、数据储存设备、数据输出设备、网络互联设备（如中继器、路由器、网桥、网关）等。

2. 软件系统

软件系统是指运行 GIS 所需的各种程序，包括计算机系统软件和 GIS 软件。

（1）计算机系统软件包括操作系统、数据库管理系统等。计算机系统软件的功能是使计算机能够正常工作或具备解决某些问题的能力。

（2）GIS 软件主要是具有储存、分析和显示数据功能的工具，包括输入和处理数据的工具，数据库管理系统工具，支持数据查询、分析和可视化的工具等。

3. 地理空间数据库

地理空间数据库是指能够储存、管理和检索地理空间数据的数据库。工作人员可以通过数字化仪、图像扫描仪、键盘等设备，将地理空间数据以图形、图像、文字等形式，输入地理空间数据库中，以备使用。

（二）GIS 的功能

GIS 具有以下功能：

（1）数据采集功能。GIS 可采集地面测量数据、遥感影像数据、其他多媒体数据等。数据采集的总体目标是以数据形式记录地理事物的属性、空间位置和各种地理事物之间的关系。

（2）数据储存功能。与一般数据库相比，GIS 的地理空间数据库容量大，既可储存地理事物的属性数据，又可储存大量的空间数据。

释疑解惑

属性数据又称地理事物的非空间数据，是指表示地理事物的特征、数量、质量、分类和统计等方面性质的数据。空间数据是指表示地理事物在地球表层的空间分布状况的数据，由表示地理事物在特定坐标系中绝对定位的数据和地理事物之间相互位置关系的数据组成。只有将属性数据与空间数据相结合，才能全面地描述和反映地理事物的所有特征。

（3）数据处理功能。GIS 涉及的数据类型多种多样，为了保证数据规范、统一，GIS 可对输入的数据进行处理。例如，在进行空间分析时，如果数据所用的坐标系统不一致，GIS 可将各种数据转换成同一坐标系统下的数据，以便对各种数据进行综合分析。

（4）空间查询和分析功能。借助 GIS，企业可根据特定条件对地理空间数据进行查询和检索，以获取满足特定需求的数据，从而为决策提供科学依据。此外，GIS 还可运用网络分析、缓冲区分析、叠置分析和基于数字高程模型的地形分析等方法，利用各种空间分析模型和空间操作对地理空间数据进行深加工。

（5）数据利用和可视化功能。企业可利用 GIS 建立物流管理信息系统，将各种数据按照地理特征联系起来并以地图或其他形式显示，从而实现可视化管理。

（三）GIS 的应用

1．运输设施选址

企业在新建运输设施时，需要综合考虑当地的交通状况、经济发展水平等因素，从而进行科学选址。借助 GIS，企业可以清楚地了解某一区域的地形地貌、交通路网、人口数量、客户分布情况、现有运输设施分布情况等信息，进而在该区域选择最合适的地点来建设运输设施，如智慧货运站、智慧港口等。

2．运输工具调度

借助 GIS，企业可以实时掌握运输工具的位置信息，并根据客户运输需求、实时交通状况等信息，及时调度运输工具，缩短运输时间。例如，当接收到运输车辆的行驶线路上有较长的拥堵路段这一信息时，GIS 可以为运输车辆重新规划行驶线路，并调度运输车辆按照新线路行驶。

五、自动驾驶技术

（一）什么是自动驾驶技术

自动驾驶技术是指利用传感探测技术、自动控制技术、通信技术和交通流理论等，通过车载装置与路边设施的智能探测、车-车与车-路通信手段、车辆自动操纵控制装置，在特定道路上实现车辆无人操作的驾驶技术。

释疑解惑

交通流理论是指应用数学、力学原理，分析研究在道路上行驶的车辆，单独或形成车队运行中的规律，探讨交通量、车速和密度之间的关系，以求减少车辆延误、事故发生和提高道路通行能力的理论。该理论能够为对交通规划与管理和设施设计等进行科学分析提供理论依据。

（二）自动驾驶技术的应用

自动驾驶货车是自动驾驶技术在智慧运输领域的典型应用之一。自动驾驶货车具有一定的人工智能，能够实现车载通信、信息加工处理、环境探测和辅助控制等，具体作用如下：

（1）有助于企业保障运输安全。自动驾驶货车能够利用传感器等信息传感设备，实时监测车辆运行情况和周围的交通状况等，自动避让车辆、行人和其他障碍物等，有效降低交通事故的发生概率，从而保障货物运输安全。

（2）有助于企业提高运输效率。一方面，自动驾驶货车能够通过实时监测交通状况和运用先进的交通控制算法，预判车流量，选择最佳运输线路，从而缩短运输时间。另一方面，自动驾驶货车能够实现 24 小时不间断运输，从而提高整体运力。

（3）有助于企业降低运输成本。首先，自动驾驶货车能够减少驾驶员的工作量，从而降低企业因大量招用驾驶员而产生的人工成本。其次，自动驾驶货车能够通过精确的交通状况分析和运输线路选择，实现能源利用率最大化，从而降低能耗成本。最后，自动驾驶货车能够通过对车辆的实时监测，及时发现并排除潜在车辆故障，从而降低车辆维修成本。

科技之光

自动驾驶技术助力钢铁企业提高场内运输效率

大连华锐重工集团股份有限公司为上海梅山钢铁股份有限公司研制的自然导航无人驾驶重型框架运输车（UHA，见图 2-11），可满足钢铁企业恶劣工作环境中频繁的运输需求。

图 2-11 UHA

UHA 先利用激光雷达等信息传感设备获取行驶区域内的三维点云（即按照规则格网排列的三维坐标点的数据集）信息，建立精确的全局地图，然后利用先进的算法将车辆行驶时形成的三维点云信息与全局地图进行匹配，获得当前位置信息，从而实现高精度定位。

同时，UHA 搭载了防撞激光雷达，可以对行驶区域内的环境进行实时监测，防止车辆在行驶过程中与障碍物或工作人员发生碰撞；搭载了陀螺仪、加速度计，可以实时测量车辆的运动轨迹和运动加速度，以及时矫正车辆的行驶速度；应用了自然导航技术，即使在没有卫星信号的环境中，仍可实现自动驾驶、定位与导航。

UHA 的成功出产，为钢铁企业提高场内运输效率，构建智慧物流体系提供了助力。

任务实施

开展智慧运输技术知识讲座

实施步骤：

（1）全班学生自由分组，每组 4～6 人，并选出 1 名小组长。

（2）小组长组织小组成员上网搜集与智慧运输技术相关的资料（必须为正文中未讲解的内容），包括但不限于智慧运输技术的概念、工作原理、实际应用案例等内容。

（3）小组长整理搜集到的资料，并组织小组成员撰写讲解大纲、制作 PPT。

（4）各小组推选出 1 名代表，上台讲解智慧运输技术知识，注意控制好时间，确保内容充实、有趣且易于理解，同时注意与听众进行互动，鼓励听众提问和参与讨论。

（5）教师对各小组的表现进行点评。

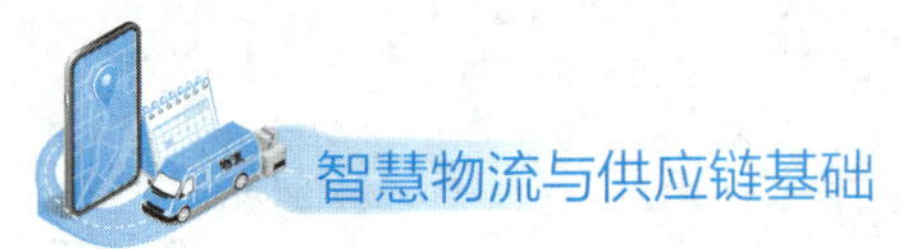

学习成果检测

1．填空题

（1）运输是指利用______、______和人力等运力资源，使货物在较大空间上产生位移的活动。

（2）按运输线路划分，运输可分为干线运输、______、二次运输和______。

（3）______是指利用传感器获得目标对象的物理信息，并将其按照一定规律转换成可用输出信号的技术。

（4）______是指用于地理空间数据采集、储存、处理、查询、分析、利用和可视化的电子计算机信息系统。

（5）GIS 主要由硬件系统、软件系统和______组成。

2．单选题

（1）以下选项中，（　　）不属于智慧运输的特点。

A．不变性　　B．实时化

C．可追溯性　　D．绿色化

（2）以下选项中，说法错误的是（　　）。

A．RFID 读写器在恶劣环境中无法读取信息

B．RFID 标签变形、浸湿，不会影响信息的读取

C．RFID 读写器可同时读取多个高速运动目标对象的信息

D．RFID 读写器的识别距离远

（3）GPS 的空间部分是指（　　）。

A．GPS 接收机　　B．地面监控系统

C．GPS 用户终端　　D．GPS 卫星

（4）BDS 的地面段不包括（　　）。

A．主控站　　B．时间同步/注入站

C．终端产品　　D．监测站

（5）BDS 的特点不包括（　　）。

A．空间段采用三种轨道卫星组成的混合星座

B．与其他全球卫星导航系统相比低轨卫星更多

C．提供多个频点的导航信号

D．创新融合了导航与通信能力

3. 判断题

（1）按运输方式划分，运输可分为一般运输和联合运输。（　）

（2）RFID 技术是指通过无线电信号识别目标对象并读取相关信息的非接触式自动识别技术。（　）

（3）BDS 是我国自主研制的全球卫星导航系统，能够为全球用户提供全天候、全天时、高精度的定位、导航和授时服务。（　）

4. 简答题

（1）企业组织运输工作时应遵循哪些原则？

（2）简述智慧运输的作用。

（3）简述 RFID 技术的工作原理。

（4）在智慧运输领域，企业可以利用 BDS 实现哪些功能？

（5）简述 GIS 的功能。

（6）应用自动驾驶货车对于企业而言具有哪些作用？

学习成果评价

请进行学习成果评价，并将评价结果填入表 2-1 中。

表 2-1 学习成果评价表

评价项目	评价内容	分值	评价分数	
			自评	师评
知识（40%）	运输的概念、分类和原则	6		
	智慧运输的概念、特点和作用	10		
	传感探测技术及其应用	4		
	RFID 技术及其应用	4		
	GPS 及其应用	4		
	BDS 及其应用	4		
	GIS 及其应用	4		
	自动驾驶技术及其应用	4		
技能（40%）	能够简要介绍各种智慧运输技术的特点、功能、工作原理等	20		
	能够清楚讲解各种智慧运输技术的应用	20		
素养（20%）	乐于学习，勤于学习，善于学习	5		
	具备团队精神，积极与人合作	5		
	严谨细致，精益求精	5		
	树立创新意识，挖掘创新潜能	5		
合计		100		
总评（自评×40%+师评×60%）			教师签名：	

项目三

智慧仓储

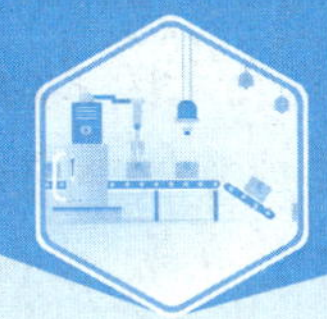

项目导读

在数字化、网络化和智能化的时代背景下，智慧仓储成为仓储业发展的热点。与传统仓储不同的是，智慧仓储将仓储活动与科学技术更好地融合在一起，实现了仓储过程的自动化、高效化和智能化。随着智慧物流技术的不断发展和智慧物流设备的广泛应用，智慧仓储将继续推动物流业创新发展，为构建高效的现代物流体系提供有力支撑。

知识目标

- ✓ 了解仓储的概念、分类和功能。
- ✓ 理解智慧仓储的概念、特点和实现条件。
- ✓ 了解智慧仓储管理的内容。
- ✓ 熟悉智慧仓储系统的相关知识。
- ✓ 熟悉自动化立体仓库的分类和功能。
- ✓ 熟悉无人仓的组成和优势。

技能目标

- ✓ 能够正确区分不同类型的仓储活动。
- ✓ 能够清楚阐释不同智慧仓储系统的基础知识。
- ✓ 能够正确识别常见的智慧仓储设施设备。

素质目标

- ✓ 学习“濮阳市储粮用上‘黑科技’，新粮‘入住’智慧仓”“日日顺中德智能无人仓树立行业新标杆”等案例，领略我国作为科技大国的风采，增强民族自信心和民族自豪感。
- ✓ 学习智慧仓储系统的相关知识，树立热爱科学、崇尚科学的意识，培养创新精神。

任务一 认识智慧仓储

任务导入

濮阳市储粮用上"黑科技"，新粮"入住"智慧仓

2022 年 6 月，河南省濮阳市濮阳经济技术开发区王助镇的几名村民开着满载粮食的运粮车，来到河南濮阳皇甫国家粮食储备库。不同于以往的人工检验、手动扒粮，在质量检验的第一道关口，该粮库就用全自动扦（qiān）样器对粮食进行分层、分点抽样，对粮食容重、水分、杂质、不完善粒等进行精准检测，几分钟就得出扦检结果。

质量检验合格后，运粮车自动上磅，并且通过液压翻板（即将汽车后翻以卸下散粮的装置，见图 3-1）卸车，粮食实现了"不落地"式入库，司机一个人就可以完成整个卸车过程。此外，粮食入库前的除尘、清理和输送也全部实现自动化。粮食入库的所有手续，不到 1 个小时就能办完。

图 3-1　液压翻板

河南濮阳皇甫国家粮食储备库共有 20 个高大平房仓，仓库容量达 20 万吨。该粮库不仅配置了智能出入库系统、智能办公系统、智能安防系统等多个系统，还配置了 126 个高清摄像头，可实现 24 小时无盲点、可追溯监控。从粮食质量检验到粮食称重、入库、储存、保管等各环节，该粮库全部应用了自动控制技术、传感探测技术、大数据技术等，利用传感器对粮食数据进行自动采集与传递，对仓库内的温度、湿度、虫害情况、气体含量等进行实时监测，并将数据同步显示在 WMS 中。若遇到异常情况，该粮库的 WMS 会及时发出警报，提醒仓储人员提前干预。此

外，该粮库还设有专门的气象站，实时监测降水量、风速、风向、气温等，真正实现了智慧仓储，保证粮食储存看得见、管得住。

手中有粮，心中不慌，传统粮库向智慧粮库的转变，大大提高了濮阳市的粮食储存能力，为守住百姓粮袋、端稳群众饭碗、促进农业发展增添了底气和信心。

（资料来源：《濮阳市储粮用上“黑科技” 新粮“入住”智慧仓》，濮阳市人民政府官网，2022年6月22日）

问题：

（1）什么是智慧仓储？智慧仓储具有哪些特点？

（2）智慧仓储的实现条件有哪些？

一、仓储概述

（一）仓储的概念

“仓”即仓库（见图3-2），是指存放、保护货物的建筑物和场地，可以是房屋建筑、洞穴、容器或其他特定的场所；“储”即储存，表示贮藏货物以备使用，具有贮藏、保护、管理货物的意思。综上所述，仓储是指利用仓库及相关设施设备进行货物的入库、储存、出库的活动。

图3-2　仓　库

仓储具有以下内涵：

（1）仓储活动发生在仓库等特定的场所。

（2）仓储是物质资料生产过程的持续，可使其增值。

（3）仓储既包括静态的货物储存过程，也包括动态的货物存取过程。

（4）仓储对象既可以是生产资料（如原材料、生产设备等），也可以是生活资料（如食品、药品等），但必须是实物形态且能够被移动的物质资料。

知识之窗

我国古代仓储业的发展

我国古代仓储业与古人“积谷防饥”的储存意识是同步发展的。

远古时代，由于科技水平落后，人们没有能力与自然灾害做斗争，只能通过积存一些生产资料和生活资料度过灾年。而这些物资需要存放在可以保证其质量的容器中，于是“窖穴”“窑洞”等储存场所就出现了，但这类场所仅限个人使用。

西汉时期，常平仓出现，仓储业开始具备社会服务功能。常平仓的基本运作流程如下：在粮食丰收时，价格比较便宜，国家就以高于市场价的价格大量买入粮食，避免谷贱伤农；等粮食歉收时，国家再以低于市场价的价格大量抛售粮食，抑制粮食价格大幅上涨，防止饥荒发生。

宋、明时期，供客商存放货物的塌房出现。塌房主要分布于水陆交通要道，是城市商品经济发展的产物，也是商业仓库的雏形。

（二）仓储的分类

1. 按运作主体划分

按运作主体划分，仓储可分为自建仓库仓储、租赁仓库仓储和第三方仓储。

（1）自建仓库仓储是指企业自己修建仓库进行仓储。

（2）租赁仓库仓储是指企业租用营业型仓库进行仓储。

（3）第三方仓储是指企业将仓储业务外包给物流企业，由物流企业提供仓储服务。第三方仓储不同于租赁仓库仓储，它能够提供更专业、更高效、更经济的仓储服务。

释疑解惑

外包是指在社会专业分工不断深化的背景下，企业将其非核心业务通过契约或者交易的方式委派给外部的专业企业，而自身更专注于核心业务的组织方式。按外包业务的职能和属性划分，外包可分为生产外包、物流外包、营销外包、人力资源外包和财务外包等。

知识之窗

三类仓储的优缺点

表 3-1 列出了自建仓库仓储、租赁仓库仓储和第三方仓储等三类仓储的优缺点。

表 3-1　三类仓储的优缺点

类型	优点	缺点
自建仓库仓储	① 可根据具体情况进行仓储管理； ② 可根据需求选择仓库建设地址和配备相关设施设备； ③ 长期仓储时，成本较低	① 专业化程度较低； ② 企业的部分资金被长期占用
租赁仓库仓储	① 无须前期投资，风险较低； ② 可满足企业在库存高峰期时的仓储需求； ③ 可根据市场需求选择仓储的地点和仓库的面积	① 必须按照营业型仓库的各种规定储存货物； ② 有泄露商业机密的风险； ③ 当货物储存量较大时，租赁仓库仓储的成本通常高于自建仓库仓储的成本
第三方仓储	① 有利于企业有效利用有限的资源； ② 有利于企业专注于自身核心业务； ③ 能有效降低企业的运输成本	不利于企业对仓储活动进行直接控制

2．按货物处理方式划分

按货物处理方式划分，仓储可分为保管式仓储、加工式仓储和消费式仓储。

（1）保管式仓储。存货人将货物交由仓库储存，到期后，仓库将货物原样交还存货人。仓库应确保货物在仓储期间除了自然损耗外，数量和质量均不发生变化。

（2）加工式仓储。在货物仓储期间，仓库根据存货人的要求对货物的外观、成分、尺寸等进行加工。

（3）消费式仓储。仓库在接收货物的同时，接收了货物的所有权，并有权在货物仓储期间对其行使所有权。在仓储期满后，仓库只需将剩余货物交还存货人即可。消费式仓储适用于储存保质期较短的货物（如肉禽蛋奶、瓜果蔬菜等）和在一定时期内价格波动较大的货物。

3．按仓储对象划分

按仓储对象划分，仓储可分为普通货物仓储和特殊货物仓储。

（1）普通货物仓储是指对无特殊保管要求的货物（如日常生活用品等）进行仓储。

（2）特殊货物仓储是指对有特殊保管要求的货物（如危化品、粮食等）进行仓储。

（三）仓储的功能

1．储存功能

储存功能是仓储的一项基本功能。在实现专业化和规模化生产的现代社会，劳动生产率极高，劳动产品的产量极大，企业对不能及时流通和消费的货物进行妥善储存，可以有效防止货物因毁损、变质等而降低甚至丧失使用价值，保证生产活动和消费活动正常进行。例如，对粮食进行仓储，能够避免其受潮、发霉。

2．流通加工功能

在货物仓储期间，企业可以根据货物性质或客户要求，对货物进行包装、分割、组配、刷标志、拴标签等简单加工（如将散装水泥分装成袋装水泥，将线材按照不同客户的要求裁剪等），使其更加符合客户的个性化和多样化需求。

3．整合功能

在货物仓储期间，企业可以将来自多个存货人的、送至同一客户的货物整合成一个单元，进行一票装运，以降低运输成本。例如，在汽车制造行业，来自全球各地的汽车零部件（见图 3-3）会被集中存放在汽车主机厂邻近的仓库内，该仓库会根据主机厂的生产计划，整合相应的零部件，最后将这些零部件集中送至主机厂。

图 3-3　汽车零部件

4．分类转运功能

分类转运功能包括以下两个方面：

（1）分发功能。在货物仓储期间，企业可以对来自同一存货人的货物进行分类或分割，将货物分成不同的小单元，然后发送给不同的客户，如图 3-4 所示。

（2）交叉发运功能。在货物仓储期间，企业可以按照客户要求和配送要求对来自多个存货人的多种货物进行分类和组合，然后将其发送给不同的客户，如图 3-5 所示。

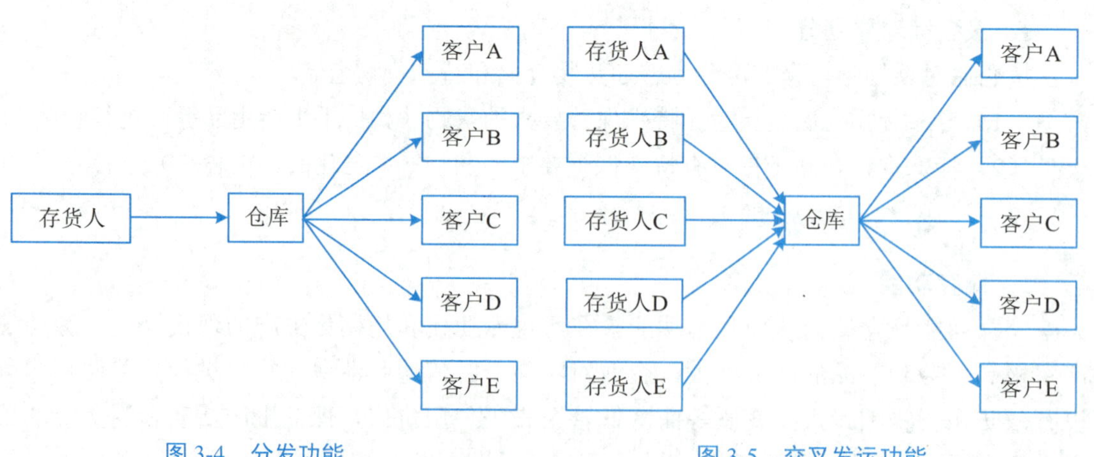

图 3-4　分发功能

图 3-5　交叉发运功能

5．调节功能

仓储活动可以调节货物的生产节奏和供求关系，主要表现在以下两个方面：

（1）时间调整。货物生产与消费之间有时会存在一定的时间差。适当储存货物，可以在一定程度上消除货物生产与消费之间的时间差。例如，稻谷的生产是季节性的，但消费却是全年性的，所以需要在生产期储存稻谷，以便在非生产期销售。

（2）价格调整。货物供过于求和供不应求都会影响其价格。仓储活动可以调节货物生产数量与消费数量之间的不平衡，进而调整价格。例如，当粮食价格过高时，国家可以向市场投放国库中储备的粮食，从而对粮食价格进行调控。

课堂互动

请分析下列情况分别体现了仓储的哪种功能：

（1）A仓库将来自B电子厂和C电子厂的零部件分类、重组后，分别送至D洗衣机制造厂和E冰箱制造厂。

（2）国家粮食和物资储备局向市场投放其储备的铜、铝、锌等金属，以降低铜、铝、锌等的市场价格。

（3）W仓库将来自X服装厂、Y服装厂、Z服装厂的服装整合后，全部送至V服装出口公司。

（4）M果蔬仓库接收了一批樱桃。为防止樱桃腐烂，M果蔬仓库严格控制仓库内的温湿度，避免其波动过大。

（5）L仓库将来自S汽车零部件制造厂的零部件细分后，分别送至不同的汽车主机厂。

二、智慧仓储的概念

智慧仓储是指综合应用无线感知技术（如传感探测技术、RFID技术等）、自动控制技术、云计算技术、AI技术、大数据技术等智慧物流技术和输送机、无人叉车、搬运机器人、码垛机器人、分拣机器人（见图3-6）等智慧物流设备，进行货物的入库、储存、出库等仓储作业，并且具有仓储管理信息化、仓储作业自动化、仓储决策智能化等特点的仓储活动。

图3-6　分拣机器人

三、智慧仓储的特点

智慧仓储的应用场景

（一）仓储管理信息化

在智慧仓储活动中，企业广泛应用各种现代信息技术，使用具有数据处理、管理分析和决策优化等功能的管理信息系统（如 WMS 等）来管理仓储事务，实现仓储信息（包括货物信息、设施设备信息、仓储作业信息、环境信息和人员信息等）的自动采集、自动分析、自动传递，并以此实现仓储环节的信息化管理，从而提高仓储管理水平。

（二）仓储作业自动化

在智慧仓储活动中，企业广泛应用各种基于自动控制技术的智慧物流设备。这些设备能够在无人操作的情况下，按照一定的程序、指令自动进行操作或控制，从而实现货物的自动入库、自动储存、自动出库等。

典型案例

智慧物流设备助力仓库实现仓储作业自动化

将 60 箱洗衣液从 15 号货架取下来，由 5 号机器人运往工作站；13 号机器人满载从 8 号货架取下来的食用油，将其运往工作站；7 号机器人载着 1 吨牛奶正在工作站前排队等待卸货……在菜鸟网络武汉江夏园区 12 号库（见图 3-7）中，机器人有序工作，助力该仓库实现了仓储作业自动化。

图 3-7　菜鸟网络武汉江夏园区 12 号库

菜鸟网络武汉江夏园区 12 号库是华中地区较大的机器人仓库。该仓库配备了 16 台机器人、20 台穿梭车，它们是这里的关键角色。

客户下单后，仓库工作人员根据客户订单，在 WMS 中新建作业单，选定工作站，下达指令。操作区的穿梭车收到指令后，立刻前往相应货架，取下货物并将其放在货架前侧。此时，机器人根据指令来到货架前侧，“背”起这些货物，将其运往工作站。之后，由叉车将这些货物运送到发货区。短短几分钟，就可以实现贴单发货。

（三）仓储决策智能化

在智慧仓储活动中，企业广泛应用AI技术、大数据技术等新兴技术，能够根据既定目标，对相关仓储信息进行自动处理与分析，并自动得出最优决策。例如，某公司引入了智能补货决策系统，该系统能够通过分析历史销售数据、当前库存水平、季节性需求等多种因素，预测某种货物未来的库存需求。当库存量低于安全库存水平时，该系统会自动发出警报，并给出相应的补货策略，从而避免因缺货带来的损失。

四、智慧仓储的实现条件

（1）制订相应的管理制度，包括但不限于作业管理制度、设施设备管理制度、信息管理制度、安全管理制度、人员管理制度、系统运维管理制度、异常情况处置预案和演练制度等。

（2）具备满足智慧仓储活动要求的从业人员，包括但不限于管理人员，仓储操作人员、系统管理和操作人员、设备运维管理和操作人员等仓储人员，仓库负责人，网络技术人员，等等。

（3）配备满足智慧仓储活动需要且信号稳定的网络设施。

（4）配备智慧物流设备，包括但不限于智能识别设备、智慧仓储设备、智能交互设备等。

（5）应用智慧物流技术，包括但不限于无线感知技术、自动控制技术、云计算技术、AI技术、大数据技术、视频识别技术、可视化技术、物联网技术、远程运维及智能诊断技术等。

（6）根据智慧仓储活动需要配备支撑仓库运营和仓储管理的管理信息系统，包括但不限于WMS、WCS、企业资源计划（ERP）、订单管理系统（OMS）等。

五、智慧仓储管理的内容

智慧仓储管理是指对智慧仓储作业和储存货物进行计划、组织、控制和协调的过程。具体而言，智慧仓储管理主要包括作业管理、设施设备管理、安全管理、人员管理等四个方面的内容。

（一）作业管理

1. 入库管理

（1）应利用WMS、WCS等管理信息系统的智能预约功能对月台、卸货区、叉车等仓储资源进行分配和调度。

（2）宜采用选定的编码规则对入库货物进行编码，并将编码信息导入WMS等管理信息系统。

（3）宜应用视频识别技术等智慧物流技术检查货物外观与包装是否完好，核对现场货物的名称、数量等信息是否与管理信息系统中的一致。

（4）在收货区宜采用智慧物流设备将货物按要求置于集装器具中。

释疑解惑

集装器具是指可将货物组合成一个完整、统一的体积单元，在结构上使其便于机械搬运和储存的器具，包括托盘、周转箱（见图3-8）等。

图3-8　周转箱

（5）应利用管理信息系统，根据货物信息与作业流程等进行货位的智能分配、入库作业设备的智能调度和任务分配。

（6）入库作业完成后，应及时更新系统信息。

2. 在库管理

（1）应利用视频识别技术、传感探测技术、RFID技术等和管理信息系统对货物储存的时间与状态进行实时监测，对货物进行精准定位和库存管理，实时查询货物的存放位置、库存情况、库内移动轨迹和其他相关信息。储存状态异常时，管理信息系统应自动报警，提醒仓储人员及时处理并调整仓储方案。

（2）储存对储存时间有特殊要求的货物时，应在管理信息系统内设置预警天数，若出现逾期，系统应发出警报。

（3）储存对储存环境有特殊要求的货物时，应设置现场传感器，对储存环境数据进行实时采集与分析，并利用实时监控系统对仓库内环境进行动态评估和管控。

（4）宜实现仓库内各区域、库位、设备、货物的可视化管理。

（5）在有多个库房时，应利用管理信息系统实现多个库房内货物库存共享。

（6）宜运用多种盘点策略自动生成盘点计划，同时宜采用智慧物流设备进行盘点。

3. 出库管理

（1）进行出库作业前，应利用管理信息系统对出库货物的出库线路、装车顺序等进行安排，同时对出库货物暂存区、运输车辆等进行分配。

（2）进行分拣作业时，应利用管理信息系统，根据出库单和货物信息分析结果制订分拣方案，并利用系统的智能预约功能，依据分拣方案对相关设备进行调度和任务分配。

（3）宜采用智能识别设备对分拣后的货物进行扫描验货，确认出库信息无误后完成出库，同时更新管理信息系统中的货物信息和货位占用情况等相关数据。

（4）完成出库作业后，应将管理信息系统中的出库信息及时推送给客户、运输方。

（二）设施设备管理

（1）应将智慧物流设施设备直接或间接接入网络，使其与 WMS、WCS 等管理信息系统对接，利用这些系统实现智慧物流设施设备集中管理、联动控制和异常报警。

（2）应由专业人员对智慧物流设备进行管理和维护，制订设备定期检修、保养计划，对维修原因、维修方法等数据进行记录，并将其录入管理信息系统，然后利用该系统对设备故障进行分析。

（3）宜根据仓储作业需要和管理信息系统的功能需求对智慧物流设备进行改造升级。

（4）宜应用可视化技术实时呈现智慧物流设备的参数。

（5）宜应用物联网技术和监测系统对货架、搬运机器人等智慧物流设备进行智能监测。

（6）应在集装器具、货架、货位等上设置标签（如 RFID 标签等）。

（三）安全管理

（1）应设立安全管理机构，依据安全管理制度定期对仓库环境、消防安全进行检查。

（2）应确保信息安全管理符合《信息安全技术 信息系统通用安全技术要求》（GB/T 20271）的要求。

（3）应确保网络安全符合《信息技术 安全技术 网络安全》（GB/T 25068）的要求。

（4）应确保智慧仓储系统的功能安全、智慧物流设备与操作人员之间的安全防护及人机交互安全符合《仓储物流自动化系统功能安全规范》（GB/T 32828）的要求。

（5）应用各种智慧物流技术时，宜制订相应的突发事件应急处置预案并采取安全防范措施。

（6）应在仓库内配置具备预防非法入侵功能的智能安防系统。

（7）在遇到安全事故、设备事故、保管事故等突发事件时，应及时按应急处置预案、异常情况处置预案等进行应急处理。

（四）人员管理

（1）管理人员应掌握智慧仓储的相关知识，并具备应急处置与协调能力。

（2）仓储人员应具备《仓储从业人员职业资质》（GB/T 21070）中规定的基本技能，此外，还应具备表 3-2 中规定的技能。

表 3-2　仓储人员的技能要求

技能	人员类型				
	仓储操作人员	系统管理人员	系统操作人员	设备运维管理人员	设备运维操作人员
掌握智慧物流设备的工作原理	—	—	√	—	√
掌握智慧物流设备的操作要求	√	√	—	—	√
掌握智慧仓储系统的运行逻辑	√	—	√	√	√
掌握智慧仓储系统的操作要求	√	√	√	√	√
掌握智慧仓储数据的分析方法	—	√	—	—	—
掌握智慧物流设备的操控方法	√	—	—	—	√
掌握智慧物流设备运维技术	—	—	—	—	√

注：表格中的“—”代表“无须掌握”，“√”代表“必须掌握”。

（3）仓库负责人应具备协调人员和智慧物流设备等智慧仓储资源，推动智慧仓储活动顺利进行的能力。

（4）网络技术人员应具备管理和维护网络的能力。

（5）应在管理信息系统中对各级人员进行权限划分，要求其在开展工作时进行身份信息验证。

（6）应对从业人员进行岗前培训，并定期开展技能培训和安全教育培训。

任务实施

比较智慧仓储与传统仓储

实施步骤：

（1）全班学生自由分组，每组 4～6 人，并选出 1 名小组长。

（2）小组长组织小组成员结合所学知识，上网搜集有关智慧仓储与传统仓储的资料。

（3）各小组根据搜集到的资料，对智慧仓储与传统仓储进行对比（列出对比表），并分析智慧仓储的优劣势。

（4）小组长记录和整理分析结果，并组织小组成员制作 PPT。

（5）小组长上台展示 PPT，其他小组发表看法，教师进行点评。

任务二 熟悉智慧仓储系统与应用

任务导入

日日顺中德智能无人仓树立行业新标杆

日日顺中德智能无人仓（见图 3-9）是支撑青岛中德生态园海尔智能工厂高效运转的关键基础设施，是智能制造领域兼容零部件管理和成品管理的智能无人仓，为行业树立了新标杆。

图 3-9 日日顺中德智能无人仓

日日顺中德智能无人仓引入了先进的智慧仓储系统，应用了多种基于物联网技术和 AI 技术的智慧物流设备，能够进行货物智能输送、全景扫描称量、智能堆码、无人搬运、智能储存、智能出库等。

在智慧仓储系统创新方面，日日顺中德智能无人仓引入了先进的 WMS，向上对接 OMS，向下对接 WCS。OMS 向上对接智能工厂的物料管理系统和物流执行系统，获取智能工厂的订单信息，向下通过供应商管理系统对上百家供应商的库存进行集中管理。WCS 根据 WMS 的指令，对海量的智慧物流设备数据进行管理，同时驱动多个仓储作业区的几百台智慧物流设备高效协同运转，从而实现设备智能调度。

在技术与设备创新方面，日日顺中德智能无人仓应用了机器视觉导航信息优化技术、物流状态跟踪与识别技术等多种先进技术，采用了 DWS 动态设备（即自动称重扫码测体一体机）、四向穿梭车、码垛机器人等智慧物流设备，实现了仓储作业无人化和 24 小时不间断。

问题：

（1）什么是无人仓？无人仓具有哪些优势？

（2）无人仓中主要应用了哪些智慧仓储系统？

一、智慧仓储系统

开展智慧仓储活动必须依靠先进的智慧仓储系统，包括 WMS、WCS、定位系统、自动输送系统、自动存取系统、自动分拣系统等。

（一）WMS

WMS 是指对货物入库、盘点、出库及其他相关仓储作业，智慧仓储设施设备，库区库位等实施全面管理的管理信息系统。仓储人员通过该系统能够对信息、资源、作业、货物等进行全面管理，从而满足有效产出的要求。

1. 特点

WMS 具有以下特点：

（1）功能齐全。WMS 涵盖了智慧仓储作业管理的各项业务，如入库管理、库存管理、出库管理等。

（2）简单易用。WMS 界面简洁，操作简单，仓储人员只要具备计算机基础操作能力和一定的业务能力，就可以很快上手操作。

（3）灵活。WMS 将诸多功能模块化，仓储人员可以根据需要对其功能模块进行调整（如启用或禁用某些功能模块、调整功能模块之间的交互方式等），从而满足不同的业务需求。

2. 构成

WMS 一般包括入库管理模块、库存管理模块、出库管理模块、基本信息管理模块、报表管理模块和系统管理模块等，如图 3-10 所示。

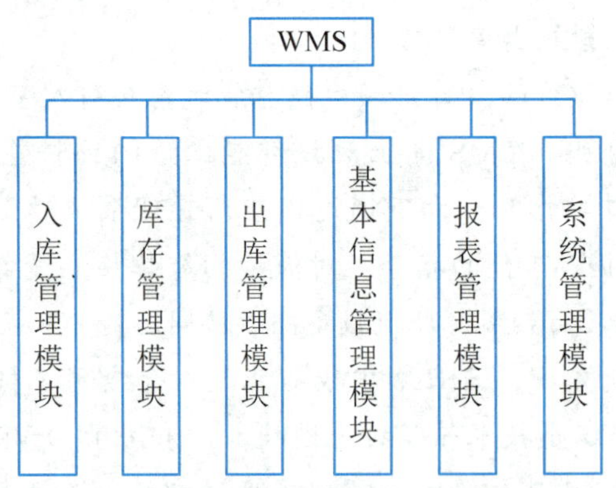

图 3-10 WMS 的构成

（1）在入库管理模块中，仓储人员可以管理入库货物信息、货位分配信息、入库作业信息等。同时，该模块还支持与 OMS、ERP 等其他软件系统集成，从而实现信息共享。

（2）在库存管理模块中，仓储人员可以跟踪库存量、获取库存预警信息、进行补货管理、调整库存管理策略等。

（3）在出库管理模块中，仓储人员可以管理出库货物信息、备货信息、出库作业信息等。

（4）在基本信息管理模块中，仓储人员可以管理货物编码、库存量、存货人资料及其他基本信息等。

（5）在报表管理模块中，仓储人员可以获取各种分析报表，直观地了解仓库的整体运营情况，以便及时调整和优化仓储方案。

（6）在系统管理模块中，仓储人员可以设置系统权限、备份各类资料、管理各类设备等。

（二）WCS

WCS是介于WMS与可编程逻辑控制器（PLC）系统之间的一个软件系统。WCS的工作原理（见图3-11）如下：WCS一方面接收来自WMS的指令，并将其发送给PLC系统，从而驱动设备运转；另一方面接收PLC系统反馈的信息，并将具体情况呈现在监控屏幕上，同时提供PLC系统中设备的手动操作指示。

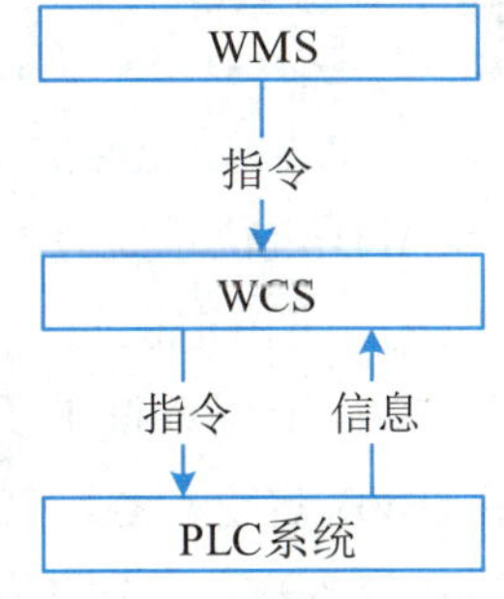

图3-11　WCS的工作原理

释疑解惑

PLC系统采用可编程的存储器，用于存储执行逻辑运算、进行顺序控制、定时、计数与进行算术操作等面向用户的指令，并通过数字式或模拟式的输入和输出来控制各种机械设备。

在智慧仓储活动中，WCS主要用于协调各种智慧物流设备的运行，其功能如表3-3所示。

表3-3　WCS的功能

功能	说明
任务管理	接收WMS发出的指令，并实时反馈任务的执行状态
设备调度	调度各种智慧物流设备，并将使用后的设备调回原位
设备监控	监控各种智慧物流设备的运行情况与任务执行情况
信息查询	仓储人员可通过WCS查询设备信息和货物信息等
故障提示	当智慧物流设备出现故障时，WCS会给出提示，以便仓储人员及时查看出现故障的原因

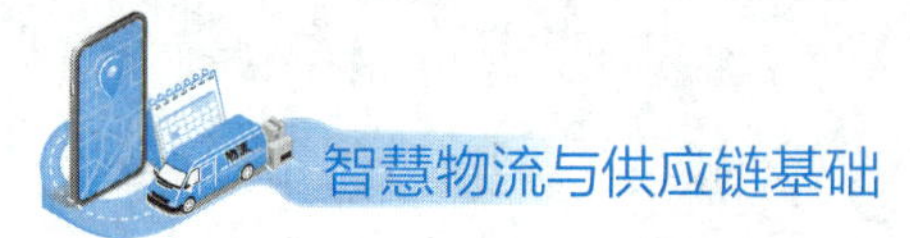

（三）定位系统

GPS、BDS 是室外定位系统的典型代表，在智慧运输领域得到了广泛应用，其中，BDS 也应用于智慧仓储领域。而在室内，应用超宽带（UWB）定位技术、RFID 技术、Wi-Fi 定位技术等进行定位，定位精度更高。基于上述一项或多项定位技术而建立的智慧仓储定位系统，能够使仓储作业过程更透明、作业效率更高。下面主要介绍 UWB 定位系统。

释疑解惑

UWB 定位技术是指通过计算信号从发射到接收的时间，得出终端和信号发射源的直线距离，从而计算出信号发射源具体位置的定位技术。

1. UWB 定位系统的工作原理

UWB 定位系统是基于 UWB 定位技术建立的一种能够在复杂环境中实现高精度定位的系统，其稳定性较高，可用于仓储人员、自主移动机器人（AMR）等管理对象的定位。UWB 定位系统主要由 UWB 定位标签、定位基站、显示终端等组成。其工作原理如下：UWB 定位标签贴在管理对象上，定位基站接收来自 UWB 定位标签发出的信号，对信号进行处理（如过滤各种干扰信号等），同时结合所处工作环境的具体情况（如温度、湿度等）和定位算法，将定位信息传递至显示终端，从而实现对管理对象的实时定位。

2. UWB 定位系统的功能

UWB 定位系统具有以下功能（见图 3-12）：

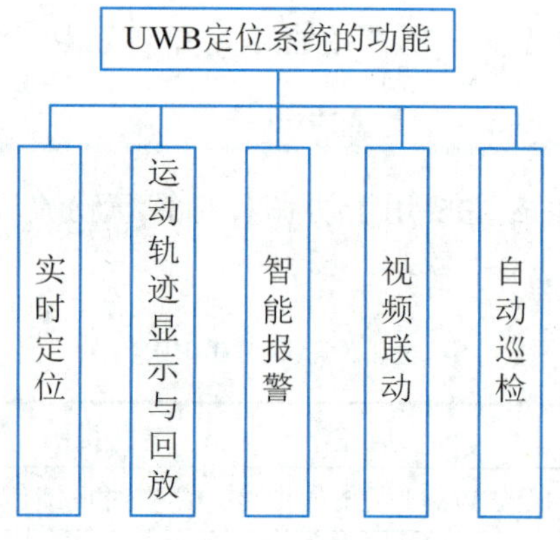

图 3-12　UWB 定位系统的功能

（1）实时定位。当管理对象贴上 UWB 定位标签后，UWB 定位系统可确定 UWB 定位标签的具体位置，管理人员可在后台随时查看管理对象的实时位置。例如，当贴有 UWB 定位标签的仓储人员在工作过程中靠近危险区域时，在后台查看的管理人员可及时发出警报，从而确保作业安全。

（2）运动轨迹显示与回放。UWB 定位系统可实时储存管理对象的位置信息，并通过软件系统显示管理对象的运动轨迹。此外，UWB 定位系统可回放任意时间段内某一管理对象的运动轨迹，为事件回顾与处理提供依据。

（3）智能报警。仓储人员和管理人员可通过 UWB 定位标签传递实时信息。当仓储人员在现场遇到紧急状况时，可通过 UWB 定位标签发送报警信息，以及时获取帮助；当管理人员发现仓储人员可能处于危险状况时，也可通过显示终端发出警报或撤离命令。此外，当遇到突发情况时，UWB 定位系统可自动记录仓储人员最后的活动位置，为实施精准救援提供依据。

（4）视频联动。UWB 定位系统可对仓库内的不同区域进行视频监控，并将多个监控视频进行联动，以实现视频画面的切换、叠加、分割等。管理人员可在后台随时随地观察每个区域的现场情况，同时跟踪不同区域的不同管理对象。

（5）自动巡检。UWB 定位系统可预先设定巡检点。当贴有 UWB 定位标签的巡检人员靠近巡检点时，该定位系统可自动记录周围情况，从而实现自动巡检。

（四）自动输送系统

在智慧仓储活动中，自动输送系统贯穿货物入库、储存和出库的整个过程，主要由各种输送线构成。而在输送线上，输送机和搬运机器人是必不可少的输送设备。

（1）输送机是指按照规定线路连续地或间歇地运送散装货物或成件货物的搬运机械，类型多种多样，包括带式输送机、辊（gǔn）子输送机（见图 3-13）、悬挂输送机（见图 3-14）等。

图 3-13 辊子输送机

图 3-14 悬挂输送机

（2）搬运机器人具有自动化、智能化的特点，能根据软件系统的指示，准确地将货物搬到指定地点。搬运机器人多种多样，按坐标型式划分，搬运机器人可分为直角坐标型机器人、圆柱坐标型机器人、球坐标型机器人、关节型机器人（见图 3-15）等；按安装方式划分，搬运机器人可分为地面固定式机器人、可移动式机器人（见图 3-16）、悬吊式机器人等。

图 3-15　关节型机器人

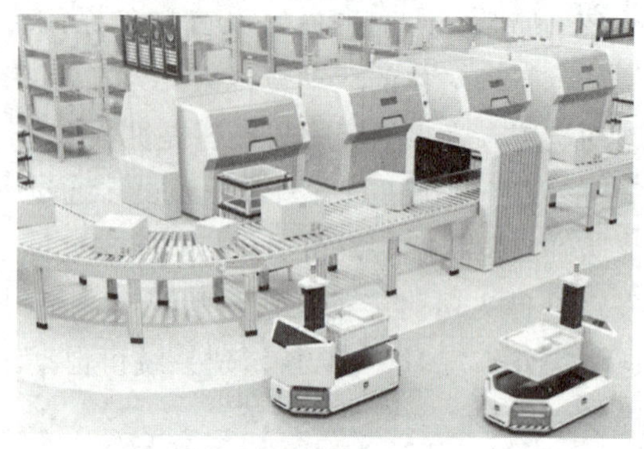

图 3-16　可移动式机器人

释疑解惑

在智慧仓储活动中，自动输送系统需要与堆垛设备、分拣设备等有效配合，才能保障输送作业顺利进行。

（五）自动存取系统

自动存取系统是指借助仓储设施设备与软件系统实现货物自动存入或取出的系统。在自动存取系统中，货架、托盘、堆垛机是常用的仓储设施设备。

（1）货架是指由立柱、隔板或横梁等结构件组成的储物设施。货架多种多样，包括托盘式货架（见图 3-17）、悬臂式货架（见图 3-18）、阁楼式货架（见图 3-19）等。

图 3-17　托盘式货架

图 3-18　悬臂式货架

图 3-19　阁楼式货架

（2）托盘是指在运输、搬运和储存过程中，将货物规整为货物单元时，作为承载面并包括承载面上辅助结构件的装置。托盘有很多种，按结构划分，托盘可分为平托盘（见图 3-20）、立柱式托盘（见图 3-21）、箱式托盘（见图 3-22）等。

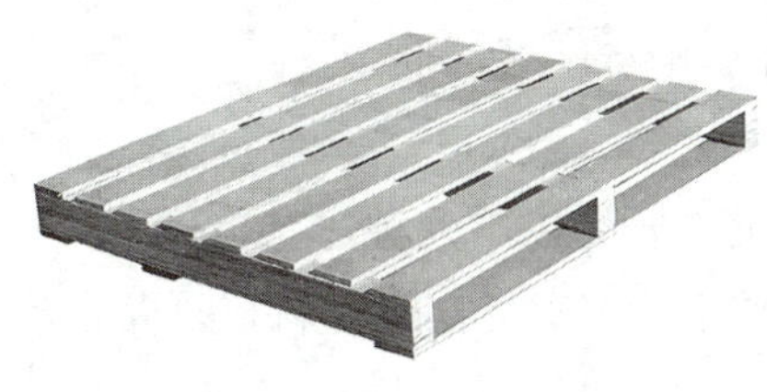

图 3-20　平托盘

图 3-21　立柱式托盘

图 3-22　箱式托盘

（3）堆垛机是指在仓库储存位置间存取货物的起重机。堆垛机包括桥式堆垛机（见图 3-23）和巷道堆垛机（见图 3-24）等。其中，巷道堆垛机是在智慧仓储活动中较为常用的堆垛机，是指沿立体仓库巷道内的轨道运行，对立体仓库高层货架上的成件货物进行存取作业的专用起重机。

图 3-23　桥式堆垛机

图 3-24　巷道堆垛机

（六）自动分拣系统

自动分拣系统是指采用机械设备与自动控制技术，将混在一起而去向不同的货物，按设定的要求自动进行分拣的系统。

1．特点

自动分拣系统具有以下特点：

（1）能连续、大批量地分拣货物，不受气候、时间、人力等的限制。

（2）分拣误差率极低。

（3）分拣作业基本实现无人化。

2．构成

自动分拣系统主要由控制装置、分类装置、输送装置、分拣道口等构成。

（1）控制装置是整个自动分拣系统的指挥中心，用于识别、接收、处理分拣信息，并将分拣信息传递给相应的分拣道口，控制分类装置和输送装置将货物送入分拣道口。

（2）分类装置根据控制装置发出的分拣指令，改变货物在输送装置上的运行轨迹，使其进入其他输送装置或分拣道口，完成货物分类。

（3）输送装置用于输送待分拣货物，其两侧一般有多个分拣道口。

（4）分拣道口是已分拣货物脱离输送装置，进入分类集货区域的通道。

3．常见的分拣机

分拣机是自动分拣系统中的核心设备，常见的分拣机主要有以下几种：

（1）推块式分拣机。推块式分拣机是指以推块侧推方式改变货物运行轨迹，从而实现货物分拣的设备，如图 3-25 所示。

图 3-25　推块式分拣机

（2）导板式分拣机。导板式分拣机是指通过导板导向改变货物运行轨迹，从而实现货物分拣的设备。

（3）翻盘式分拣机。翻盘式分拣机是指由若干托盘小车单元组成，托盘小车用于承载货物并可在指定位置倾翻，使货物靠重力作用下滑，从而实现货物分拣的设备，如图 3-26 所示。

图 3-26　翻盘式分拣机

（4）落入式分拣机。落入式分拣机是指采用分拣小车装载货物，分拣小车底部可以受控自动打开，使货物靠重力作用落入分拣格口，从而实现货物分拣的设备。

二、自动化立体仓库

自动化立体仓库是指由高层货架、堆垛机、搬运设备及其他设备构成的存取货物单元并可进行自动化作业的仓库，如图 3-27 所示。

图 3-27　自动化立体仓库

自动化立体仓库的组成和优势

（一）自动化立体仓库的分类

1. 按货架结构划分

按货架结构划分，自动化立体仓库可分为以下两种类型：

（1）库架合一式自动化立体仓库。这类仓库的货架主要结构与仓库建筑物的屋顶和墙壁固定在一起，形成一个整体。在这类仓库中，货架不仅具有存放货物的基本功能，还能为仓库建筑物提供支撑力。

（2）库架分离式自动化立体仓库。这类仓库的货架与仓库建筑物相互独立，货架可以随时拆除。

2. 按储存条件划分

按储存条件划分，自动化立体仓库可分为以下四种类型：

（1）普通自动化立体仓库。这类仓库是指在常温、常湿的条件下保管货物的自动化立体仓库。

（2）低温自动化立体仓库。这类仓库是指在 0 ℃以下的室温中保管货物的自动化立体仓库。

（3）高温自动化立体仓库。这类仓库是指在 40 ℃以上的室温中保管货物的自动化立体仓库。

（4）防爆自动化立体仓库。这类仓库是指具有防爆功能的自动化立体仓库。

（二）自动化立体仓库的功能

（1）自动收货。自动化立体仓库在接收各种货物时，能够自动将货物信息输入 WMS 并生成管理信息，再通过 WCS 进行货物入库作业。

（2）自动存货。WCS 能够根据 WMS 的指令，调度智慧物流设备自动将货物存放到合适的货架上。

（3）自动取货。WCS 能够根据 WMS 的指令，调度智慧物流设备自动将货物从货架上取出。

（4）信息处理。WMS 能够自动处理货物入库和出库信息，供仓储人员随时查询，并打印各种报表。

三、无人仓

无人仓是一种高度自动化、智能化的仓库。它基于高度自动化、信息化的智慧仓储系统，使用少量仓储人员即可在货物入库、上架、储存、分拣、出库等环节实现人机高效协作。

（一）无人仓的组成

无人仓由软件与硬件两大部分组成。

1. 无人仓的软件

无人仓的软件主要包括 WMS 和 WCS 等。

（1）WMS 可以记录货物出入库的所有信息。仓储人员可以通过 WMS 准确地知晓货物的位置和状态，并根据不同仓库节点的繁忙程度，动态调整作业顺序，从而达到协调货物入库、上架、储存、分拣、出库等仓储作业环节的目的。

（2）WCS 主要用于接收 WMS 的指令，调度各类智慧物流设备完成仓储作业。仓储人员可以借助 WCS 制订各类智慧物流设备的最优运行方案（如无人叉车的最短行驶线路等），从而实现无人仓的高效运行。

2. 无人仓的硬件

无人仓的硬件是对应入库、上架、储存、分拣、出库等环节的各类智慧物流设备，如输送机、无人叉车、托盘、堆垛机、分拣机等。

（二）无人仓的优势

与传统仓库相比，无人仓具有以下优势：

（1）作业效率高。无人仓应用了多种智慧物流技术和智慧物流设备，实现了货物的自动入库、上架、储存、分拣、出库等，大大降低了人工干预的程度，提高了仓储作业的准确性和效率。

（2）储存密度高。无人仓通过合理的空间规划和先进的自动存取系统，实现了高密度储存，不仅提高了仓容利用率，而且降低了单位仓储成本。

（3）安全性高。无人仓应用了多种智慧物流设备，降低了人工操作带来的安全风险

（如工伤事故等）。此外，无人仓还实现了货物状态的实时监控，提高了货物仓储的安全性。

（4）应用范围广。无人仓可以广泛应用于多个行业，包括劳动密集型且生产波动较大的行业、劳动强度较大的行业、劳动环境恶劣的行业、仓储用地成本较高的行业、作业流程标准化程度较高的行业、对仓储管理精细化程度要求较高的行业等。例如，化工企业的劳动环境较恶劣，仓储人员面临着较高的人身安全风险。这类企业通过应用无人仓，可以有效降低仓储作业风险，保障仓储人员的人身安全。

无人仓的分类与应用场景

典型案例

某电商企业依托小型无人仓实现智慧仓储运营

2025年5月，某电商企业自建的小型无人仓投入使用。该无人仓以“绿色、共享、智能”为理念，以通信网络、物联网、智慧设备为基础，同时配备了该电商企业自主研发的WMS，实现了入库、储存、出库等环节的数字化管理和无人化作业。

在入库环节，货物被送达无人仓门口，智慧视觉识别系统会快速扫描货物包装上的二维码或RFID标签，将货物的基本信息（如类型、数量、规格等）实时传输至WMS。WMS对这些信息进行核对，确认与订单信息一致后，自动规划出最优的入库路径，并向AGV发出指令。AGV接到指令后，按照规划好的路径将货物运送至对应的货位。

在储存环节，WMS会根据货物特性（如重量、体积、保质期等）和仓库布局情况，为每一件货物分配最合适的货位。此外，WMS还会实时监控仓库内的温湿度等环境参数，并在环境参数超出预设范围时自动启动空调、除湿机等设备，以保证货物处于适宜的储存环境中。

在出库环节，WMS会根据订单信息完成自动生成拣货单，并合理规划拣货路径。AGV等智慧拣货设备按照拣货单和拣货路径完成拣货作业，然后将货物运送至打包区域。在打包区域，自动打包机会根据货物的大小和形状，自动选择合适的包装材料对货物进行打包，然后由自动贴标机在货物外包装上粘贴包含订单信息和物流信息的标签。最后，WMS会根据订单上的配送地址，将货物分配到对应的出库通道，由自动传输设备将货物运送至无人仓外的配送车辆上，完成出库流程。

采访智慧仓库仓管员

任务背景：

智慧仓库中有输送机、无人叉车、码垛机器人、自动化立体货架、分拣机等各种智慧物流设备，智慧仓库仓管员每天都要接触这些设备，对这些设备十分熟悉。学生通过采访他们，能够加深对智慧仓库内各种智慧物流设备的认识。

实施步骤：

（1）全班学生自由分组，每组4～6人，并选出1名小组长。

（2）小组长联系某智慧仓库仓管员，与其沟通采访事宜。

（3）小组长组织小组成员事先确定好采访时间、采访地点、采访方式和采访提纲。

（4）在采访过程中，小组成员要热情、礼貌地与采访对象交流，并做好记录。

（5）采访结束后，小组长整理采访内容，并组织小组成员撰写采访报告。

（6）小组长提交采访报告，教师进行点评。

1. 填空题

（1）按运作主体划分，仓储可分为自建仓库仓储、租赁仓库仓储和____________。

（2）智慧仓储具有仓储管理信息化、______________、______________等特点。

（3）______________是指按照规定线路连续地或间歇地运送散装货物或成件货物的搬运机械。

（4）按安装方式划分，搬运机器人可分为地面固定式机器人、______________、悬吊式机器人等。

（5）按结构划分，托盘可分为平托盘、______________、______________等。

2. 单选题

（1）仓库在接收货物的同时，接收了货物的所有权，并有权在货物仓储期间对其行使所有权。这句话描述的是（　　）的特点。

A．保管式仓储　　　　B．加工式仓储

C．储存式仓储　　　　D．消费式仓储

（2）仓储的功能包括（　　）。

① 储存功能　② 流通加工功能　③ 调节功能

④ 整合功能　⑤ 分类转运功能　⑥ 货物生产功能

A. ①②③④⑤　　B. ①②③④⑥

C. ①③④⑤⑥　　D. ①②③⑤⑥

（3）（　　）是指对货物入库、盘点、出库及其他相关仓储作业，智慧仓储设施设备，库区库位等实施全面管理的管理信息系统。

A. WMS　　B. WCS

C. ERP　　D. OMS

（4）以下选项中，（　　）不属于 WCS 的功能。

A. 设备监控　　B. 设备调度

C. 指定路径　　D. 故障提示

（5）以下选项中，（　　）不属于 UWB 定位系统的功能。

A. 实时定位　　B. 设备调度

C. 智能报警　　D. 自动巡检

（6）（　　）是指采用分拣小车装载货物，分拣小车底部可以受控自动打开，使货物靠重力作用落入分拣格口，从而实现货物分拣的设备。

A. 推块式分拣机　　B. 导板式分拣机

C. 落入式分拣机　　D. 翻盘式分拣机

3. 判断题

（1）仓储只包括静态的货物储存过程。（　　）

（2）在智慧仓储活动中，储存对储存时间有特殊要求的货物时，应在管理信息系统内设置预警天数，若出现逾期，系统应发出警报。（　　）

（3）在智慧仓储活动中，仓储操作人员需要掌握智慧物流设备操控方法，而系统管理人员无须掌握智慧物流设备操控方法。（　　）

（4）桥式堆垛机是指沿立体仓库巷道内的轨道运行，对立体仓库高层货架上的成件货物进行存取作业的专用起重机。（　　）

（5）无人仓的硬件包括 WMS、WCS、无人叉车、搬运机器人、分拣机、输送机等。（　　）

4. 简答题

（1）简述智慧仓储的实现条件。

（2）简述 WMS 的构成。

（3）简述自动分拣系统的特点。

（4）与传统仓库相比，无人仓具有哪些优势？

学习成果评价

请进行学习成果评价，并将评价结果填入表 3-4 中。

表 3-4　学习成果评价表

评价项目	评价内容	分值	评价分数	
			自评	师评
知识（40%）	仓储的概念、分类和功能	5		
	智慧仓储的概念、特点和实现条件	5		
	智慧仓储管理的内容	5		
	智慧仓储系统的相关知识	7		
	自动化立体仓库的分类和功能	10		
	无人仓的组成和优势	8		
技能（40%）	能够正确区分不同类型的仓储活动	10		
	能够清楚阐释不同智慧仓储系统的基础知识	15		
	能够正确识别常见的智慧仓储设施设备	15		
素养（20%）	乐于学习，勤于学习，善于学习	5		
	具备团队精神，积极与人合作	5		
	严谨细致，精益求精	5		
	树立创新意识，挖掘创新潜能	5		
合计		100		
总评（自评×40%+师评×60%）			教师签名：	

项目四

智慧包装

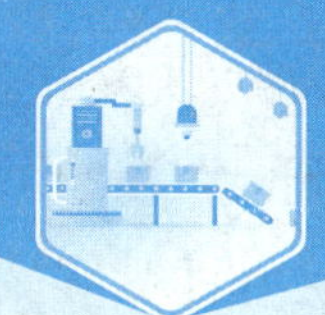

项目导读

包装是物流活动的基础，对货物进行合理包装，能使运输、仓储、装卸搬运等物流活动顺利进行。智慧包装作为物流与现代科技融合的产物，将物联网技术、大数据技术、AI 技术等前沿技术巧妙地融入传统包装中，赋予了包装更多的智能化、信息化功能，推动物流效率不断提高，物流成本不断下降。

知识目标

✓ 了解包装的概念、分类和包装材料、包装技术的相关知识。

✓ 理解智慧包装的概念、功能和发展现状。

✓ 熟悉智慧包装设备的相关知识。

✓ 熟悉智能包装的相关知识。

技能目标

✓ 能够准确介绍各种智慧包装设备的功能。

✓ 能够正确区分各种智能包装。

素质目标

✓ 学习“快件包装可循环，网购变得更环保”这一案例，深刻理解智慧包装绿色化的发展现状，树立环保意识。

✓ 了解“智能打包算法”“RFID 全自动成衣包装检测线”等智慧包装领域的创新成果，坚定自信，努力学习，为建设科技强国贡献力量。

任务一 认识智慧包装

任务导入

X 物流公司推出“智能打包算法”

近年来，X 物流公司积极发展智慧包装，借助大数据技术和 AI 技术，推出“智能打包算法”，帮助仓库用更小的包装箱装下同一订单中的所有货物。相比于传统的人工打包，采用“智能打包算法”进行打包，每年可帮助 X 物流公司节省 5%以上的包装材料。

此前，X 物流公司的仓库打包人员大多时候靠肉眼和经验判断，很难精准估算货物的体积，导致经常出现一个订单中的货物只能装半个包装箱的情况，造成了包装材料的浪费。

采用“智能打包算法”后，仓库一旦收到订单，软件系统就会立刻对订单中货物的性质、数量、体积、重量等进行综合计算，然后自动匹配长、宽、高和载重量均合适的包装箱，并计算出货物在包装箱内的最佳摆放位置，以合理利用包装空间。整个计算过程，不足 1 秒。

问题：

（1）什么是智慧包装？智慧包装具有哪些功能？

（2）智慧包装的发展现状有哪些？上述案例中体现了智慧包装的哪些发展现状？

一、包装概述

（一）包装的概念

包装是指为在流通过程中保护货物、方便储运、促进销售，按一定技术方法而使用的材料、容器及辅助物等的总称，也指为了达到上述目的而在使用材料、容器及辅助物的过程中施加一定技术方法等的操作活动。简而言之，包装是包装物与包装作业的总称。

（二）包装的分类

1. 按在流通过程中的作用划分

按在流通过程中的作用划分，包装可分为销售包装和运输包装。

（1）销售包装是指以促进产品销售为主要目的，与产品一起到达消费者手中的包装，如图 4-1 所示。这类包装主要具有以下特点：① 外观设计新颖、美观，装饰性强，具有激发消费者购买欲望的艺术魅力和指导消费者选购、使用产品的丰富信息；② 在流通过程中能保护产品；③ 体积一般较小，方便携带和使用。

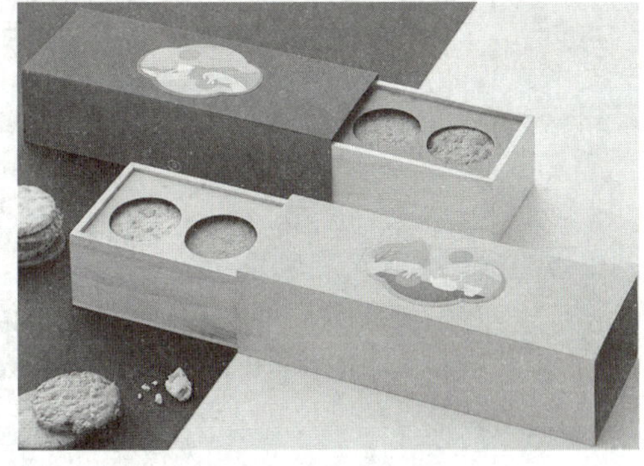

图 4-1　销售包装

（2）运输包装是指以方便货物储运为主要目的的包装，如图 4-2 所示。这类包装主要具有以下特点：① 外观设计较简单，表面印刷有清晰的标志；② 容量和载重量大；③ 形状规则。

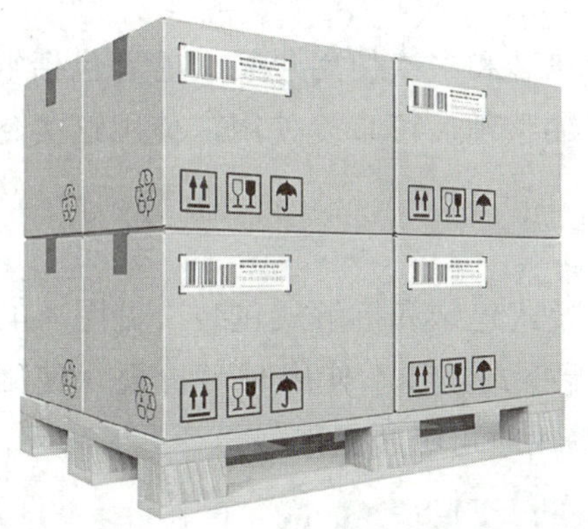

图 4-2　运输包装

课堂互动

在现实生活中，是否存在销售包装与运输包装合二为一的情形？若存在这种情形，请举例说明。

2．按适用范围划分

按适用范围划分，包装可分为专用包装和通用包装。前者是指根据货物特点设计和制造的、专供某类货物使用的包装，如蛋类专用包装（见图 4-3）等；后者是指根据标准尺寸设计和制造的、可供不同类型货物使用的包装，如纸箱等。

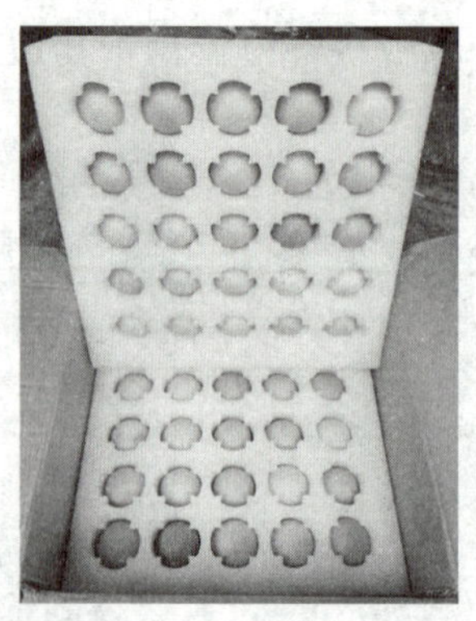

图 4-3　蛋类专用包装

3．按大小划分

按大小划分，包装可分为单件包装和集合包装。前者按包装形状可分为包、箱、桶、袋、篓、筐、卷、捆、罐等；后者是指用若干单件包装组合成的大包装，如托盘、网兜、集装袋、集装箱等。

4．按使用次数划分

按使用次数划分，包装可分为一次性使用包装和多次使用包装。前者包括纸袋、塑料袋等；后者包括木箱、塑料箱、钢桶等，稍加整理后可重复使用，使用这类包装，既可节约资源，又可降低包装成本。

5．按结构划分

按结构划分，包装可分为固定式包装、折叠式包装和拆解式包装（见图 4-4）。固定式包装通常结构简单，形状不易发生变化；折叠式包装不使用时可折叠，使用时可展开；拆解式包装不使用时可拆解成多个部分，使用时可组装起来。

图 4-4　拆解式包装

6．按抗变形能力划分

按抗变形能力划分，包装可分为硬包装和软包装。

（1）硬包装是指在装入或取出内装物后，形状基本不会发生变化的包装。这类包装一般用金属包装材料、木质包装材料等制成。

（2）软包装是指在装入或取出内装物后，形状会发生变化的包装。这类包装一般用塑料薄膜、复合包装材料等制成。

（三）包装材料

包装材料是指用于制作包装容器和构成货物包装的材料的总称。包装材料是构成包装实体的主要物质，对于保护货物有着非常重要的作用。常见的包装材料有以下几种。

1．纸包装材料

1）分类

纸包装材料可分为包装用纸和包装用纸板。

（1）包装用纸包括牛皮纸、羊皮纸、鸡皮纸、玻璃纸（见图 4-5）等，可用于制作纸袋。

（2）包装用纸板包括瓦楞纸板（见图 4-6）、蜂窝纸板（见图 4-7）等，可用于制作纸盒、纸箱等，用来包装食品、纺织品、家用电器等各类货物。

图 4-5　玻璃纸

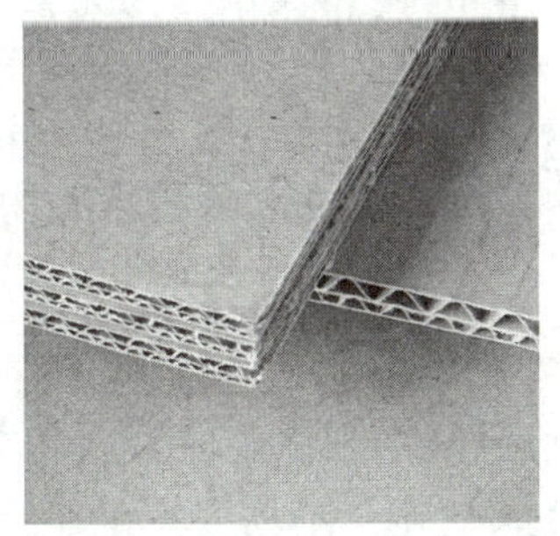

图 4-6　瓦楞纸板

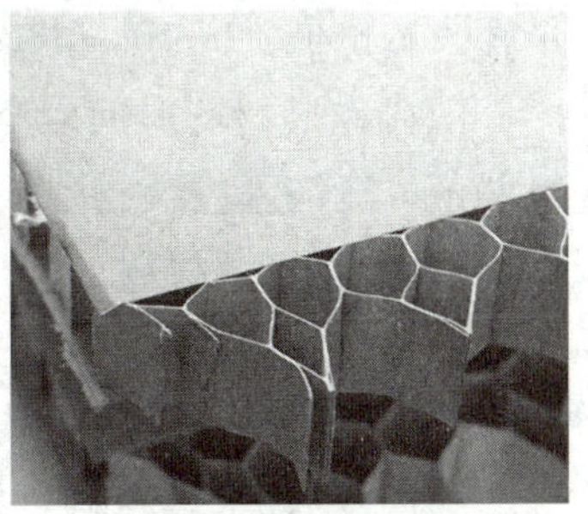

图 4-7　蜂窝纸板

2）优缺点

纸包装材料具有以下优点：① 重量轻，占用空间小，造价低，有助于节约包装成本和运输成本；② 可塑性好，便于采用各种加工方法，适应机械化、自动化生产，且便于印刷；③ 无毒，可反复使用，有助于节约资源、保护环境。

纸包装材料具有以下缺点：① 易破损；② 难封口；③ 气密性、防潮性、透明性差。这些缺点限制了纸包装材料的应用范围。

2．塑料包装材料

塑料是指以合成的或天然的高分子化合物为主要成分，可在一定条件下塑化成型，且最后能保持形状不变的材料。目前，塑料已成为一种应用非常广泛的经济型包装材料，使用量逐年增加。

1）分类

按受热后性能的变化情况划分，塑料包装材料可分为热塑性塑料和热固性塑料。

（1）热塑性塑料受热后会软化，可反复塑制，如聚乙烯、聚丙烯、聚苯乙烯、聚氯乙烯等。这类塑料可用于制作塑料薄膜、气泡膜（见图 4-8）、塑料编织袋（见图 4-9）等。

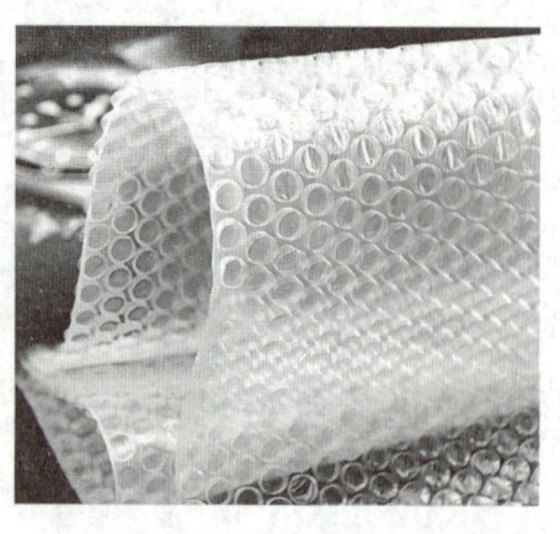

图 4-8 气泡膜

图 4-9 塑料编织袋

（2）热固性塑料受热后不会软化，不能反复塑制，如酚醛（fēn quán）树脂、脲（niào）醛树脂等。这类塑料常用于制作塑料盒、塑料箱等。

2）优缺点

塑料包装材料具有以下优点：① 具有一定的强度和弹性，耐压、耐冲击、耐摩擦、耐折叠，防潮性、防水性、气密性好；② 化学稳定性较好，耐酸碱，不易氧化；③ 重量轻，造价低；④ 可塑性好，便于加工成不同形状。

塑料包装材料具有以下缺点：① 易老化；② 有异味；③ 易产生静电；④ 一些塑料助剂可能渗入内装物中，影响内装物质量；⑤ 废弃物难处理，易污染环境。

3. 金属包装材料

1）分类

按硬度划分，金属包装材料可分为刚性金属材料和柔性金属材料。

（1）刚性金属材料是指质地坚硬、不易变形的金属材料，如钢材等。这类金属材料主要用于制作钢桶、集装箱等。

（2）柔性金属材料是指质地柔软、易变形的金属材料，如铝合金等。这类金属材料主要用于制作软管（如包装膏状化妆品的铝制软管）、金属箔（如铝箔袋）等。

2）优缺点

金属包装材料具有以下优点：① 牢固，耐冲击，能够有效保护内装物；② 密封性好，能够有效阻隔空气、水分和光线；③ 表面具有特殊光泽，便于印刷和装饰；④ 可重复使用。

金属包装材料具有以下缺点：① 造价较高；② 化学稳定性较差，耐腐蚀性不如塑料包装材料等。

知识之窗

新型金属材料

随着科技的不断发展，一些具有特殊功能的新型金属材料逐步出现，主要有以下几类：

(1) 非晶态金属，又称无定形金属或金属玻璃，是指内部原子排列不规则的金属材料，一般具有较高的强度、良好的磁性和耐腐蚀性。

(2) 超导合金，是指具有超导性（即在温度和磁场都小于一定数值的条件下，电阻和磁感应强度都突然变为零的性质）的合金材料。

(3) 金属发光材料，是指可吸收能量并将其转化成光辐射的金属材料。

(4) 金属发汗材料，是指由高熔点金属和低熔点金属复合构成的一种特殊散热材料。在高温条件下，这类材料中的低熔点金属会蒸发吸热，借以冷却材料表面。

(5) 形状记忆合金，是指具有形状记忆效应的合金材料。这类材料发生变形后，通过物理或化学刺激又能够恢复到初始形状。

4. 木质包装材料

1）分类

木质包装材料可分为天然木材和人造板，常用于制作木箱、木托盘等。天然木材直接取自树木；人造板用天然木材和其他植物纤维加工而成，主要有胶合板（见图 4-10）、纤维板、刨（bào）花板（见图 4-11）、细木工板等。

图 4-10　胶合板

图 4-11　刨花板

2）优缺点

木质包装材料具有以下优点：① 耐压、耐冲击、耐摩擦，可承受较大的堆码载荷；② 可重复使用。

木质包装材料具有以下缺点：① 易受温度、湿度的影响而变形或开裂；② 易燃烧；③ 易腐朽；④ 易携带有害生物，可能会对内装物和生态安全造成一定威胁；⑤ 在国际物流中受到检验检疫制度限制，可能会影响通关速度。

5. 复合包装材料

复合包装材料是指将两种或两种以上具有不同性质的材料通过各种方法结合起来制成的包装材料。常见的复合包装材料有纸/塑复合材料、塑/塑复合材料、铝/塑复合材料、纸/铝/塑复合材料等。

（四）包装技术

为保障货物在流通过程中完好无损，企业必须根据货物的性质、类型等选用合适的包装技术。具体而言，货物包装技术主要有以下几种。

1. 防水包装技术

防水包装技术是指防止因水浸入包装件而影响内装物质量的包装技术，如在包装容器外部涂刷防水材料等。

释疑解惑

包装件是指货物经过包装所形成的总体。

2. 防潮包装技术

防潮包装技术是指防止因潮气浸入包装件而影响内装物质量的包装技术，如用防潮纸包装，在包装容器内加入适量干燥剂以吸收潮气，将密封后的包装容器抽真空等。

3. 防霉包装技术

防霉包装技术是指防止内装物霉变的包装技术，如使用添加防霉剂的包装材料制作包装容器等。

4. 防锈包装技术

防锈包装技术是指防止内装物锈蚀的包装技术，如用防锈纸包装，在内装物表面涂刷防锈油（脂）等。

5. 缓冲包装技术

缓冲包装技术又称防震包装技术，是指在内装物周围放置能够吸收冲击能量或振动能量的缓冲材料或其他缓冲元件，以免内装物受损的包装技术。缓冲包装技术主要有以下几种：

（1）压缩包装技术：用橡胶、海绵、泡沫塑料等弹性材料填塞包装空隙或对内装物进行加固，以有效保护内装物。

释疑解惑

弹性材料是指被压缩到原始厚度的65%，反复10次后仍能恢复到原始厚度的90%以上的包装用缓冲材料。

（2）模盒包装技术：利用模型将聚苯乙烯树脂等材料制成与内装物形状一样的模盒，然后用其包装，以起到防震作用。这种包装技术多用于包装鸡蛋等轻型、小型货物。

（3）悬浮式包装技术：选择坚固的包装容器，同时用弹簧、绳子、吊环等将内装物悬吊并固定在容器中，使内装物不与容器内壁接触，以保护内装物。这种包装技术多用于包装贵重、易碎的货物。

6. 防虫包装技术

防虫包装技术是指防止内装物遭受虫害的包装技术，如在包装材料中添加杀虫剂，在包装容器中喷洒或放置驱虫剂、杀虫剂或脱氧剂等。

7. 防盗包装技术

防盗包装技术是指防止内装物被盗，并且在开启后会留下明显痕迹的包装技术，如在包装容器上安装追踪定位装置，在包装容器封口处使用防伪封条等。

课堂互动

仔细观察图 4-12，判断图中的包装分别采用了哪种包装技术。

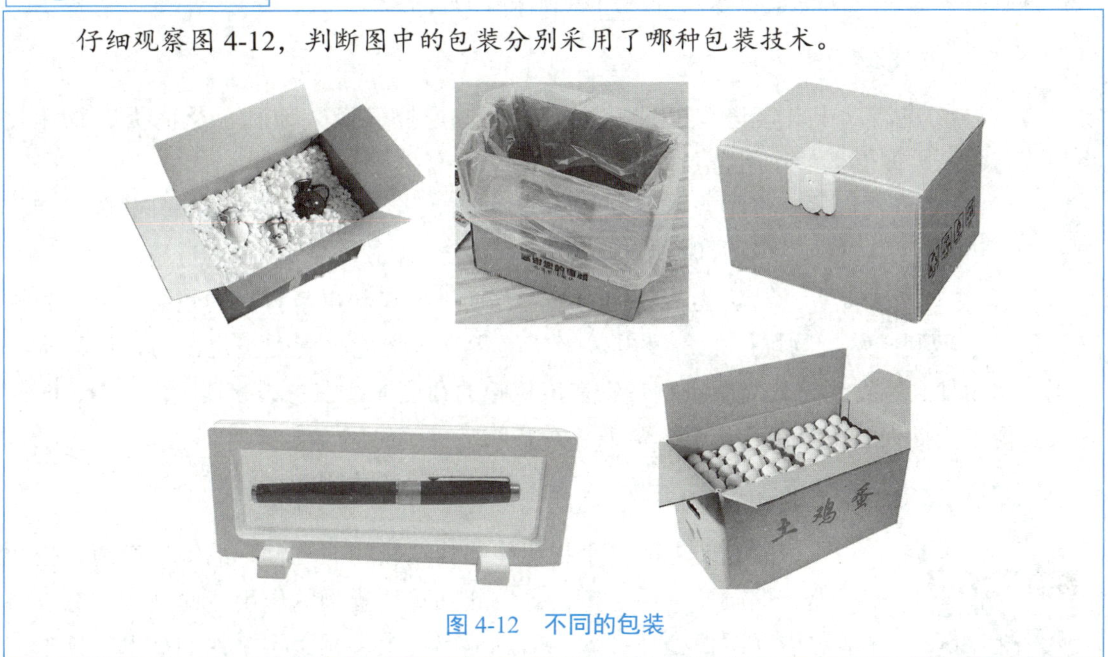

图 4-12　不同的包装

二、智慧包装的概念

与包装一样，智慧包装也有两重含义：其一是指因使用了新型材料、技术等而具有智能性的包装物；其二是指应用物联网技术、数字化技术、自动控制技术、AI 技术等现代技术进行的智能化包装作业，如应用智能算法为货物匹配合适的包装容器，利用先进的智慧包装设备对货物进行自动包装等。

什么是智慧包装

三、智慧包装的功能

（一）保护货物

智慧包装能够有效保护货物、降低货损率，主要体现在以下三个方面：

（1）减少外力作用对货物的影响。智慧包装能够有效减少在货物运输、仓储、装卸搬运等物流活动中外力作用对货物的影响，降低货物变形、破损的概率。

（2）减少外界环境对货物的影响。智慧包装能够在一定程度上隔绝外界环境中的水分、光线、灰尘和有害气体等，降低货物受潮、腐烂、锈蚀、干裂的概率，从而保证货物在物流活动中的安全。

（3）减少生物对货物的影响。智慧包装能够有效防止鼠类、害虫和有害微生物对货物的侵害，降低货物被鼠咬、被虫蛀、霉烂的概率。例如，真空包装可以有效隔绝空气，抑制有害微生物的生长与繁殖，从而达到保鲜的目的。

（二）方便储运

在智慧物流活动中，智慧包装能够为货物的流通提供巨大便利，从而提高物流效率。智慧包装方便储运的作用主要体现在以下两个方面：

（1）方便货物运输。货物经过合理包装（如裹包、装袋、装箱、装桶、装瓶、捆扎等）后，更便于装卸搬运，从而提高运输效率，降低运输成本。

（2）方便货物储存。从货物验收的角度看，便于拆包和重新打包的包装方式为验收工作提供了便利；从货物堆码的角度看，平整的货物包装能够承受一定压力，便于货物堆码，从而使仓容得到充分利用；从货物在库保管的角度看，在包装容器上贴上 RFID 标签等，便于仓储人员采集货物信息，从而缩短货物盘点的时间。

（三）信息传达

图 4-13　二维码

智慧包装上的文字说明能够传达货物的名称、品牌、产地、生产日期、保质期、用途等信息，起到宣传货物的作用。此外，智慧包装能够借助图像处理技术、信息编码技术、光学字符识别技术等技术，将货物的安装方法、使用方法、注意事项等信息以文字、声音、视频等形式汇集于图形标识符（如二维码，见图 4-13）中，消费者使用智能手机等终端设备扫描图形标识符即可便捷地获取相关信息。

（四）货物管控

智慧包装中应用了传感探测技术、RFID 技术等，使得包装件的状态、位置等信息能够被实时记录和更新，便于工作人员对货物进行实时监控和管理。例如，在冷链运输中，企业可以在包装容器上安装温度传感器，实时监测包装件所处环境的温度变化情况，以便在温度波动过大时及时采取应对措施。又如，企业可以在包装容器外部贴上冲击指示标签，用来指示包装件受到的外来冲击力的强弱程度，引导物流作业人员正确操作，以减轻货物受到的外来冲击力。

释疑解惑

冲击指示标签具有明显的警示作用。当冲击指示标签受到的外来冲击力超过设定阈值时，其颜色便会由白色转变为其他颜色，不同的颜色表示受到了不同强弱程度的外来冲击力。

四、智慧包装的发展现状

（一）轻量化

智慧包装轻量化有利于提高物流作业效率，降低物流成本，从而提高企业的经济效益。智慧包装轻量化主要体现在以下两个方面：

（1）随着科技的不断进步，具有优良化学与物理性能的新型轻质包装材料逐渐得到广泛应用，使得货物包装在性能、寿命、成本等相同的条件下变得更轻、更薄、更小。

（2）随着大数据技术、AI 技术等新兴技术在包装领域的广泛应用，企业可以借助智能算法优化包装方案，选择最佳的包装容器、包装技术等，从而减少过度包装，避免包装材料浪费。

（二）标准化

智慧包装标准化是指针对智慧包装的有关事项（如包装材料、包装技术、包装容器、包装设备等），制定和实施相关标准，以保障货物在运输、仓储和装卸搬运等物流活动中的安全。随着智慧包装的应用范围越来越广，与智慧包装相关的标准越来越多，智慧包装市场也越来越规范。

智慧包装标准主要包括以下几类：

（1）包装材料标准，包括各种包装材料的标准和包装材料试验方法，如《包装材料 激光全息定位纸》（BB/T 0087）、《包装材料试验方法 接触腐蚀》（GB/T 16266）等。

（2）包装技术标准，如《寄递包装射频识别（RFID）应用技术要求》（YZ/T 0180）等。

（3）包装容器标准，包括各种包装容器的标准和包装容器试验方法，如《包装容器 金属方桶》（GB/T 17343）、《食品塑料包装容器中顶空气体含量的测定 传感器法》（GB/T 41682）等。

（4）包装设备标准，如《包装机械安全要求》（JB 7233）、《机器人装箱机》（JB/T 14026）等。

（5）其他标准，包括包装术语标准和包装管理标准等，如《包装 包装与环境 术语》（GB/T 23156）、《邮件快件循环包装使用指南》（GB/T 43805）等。

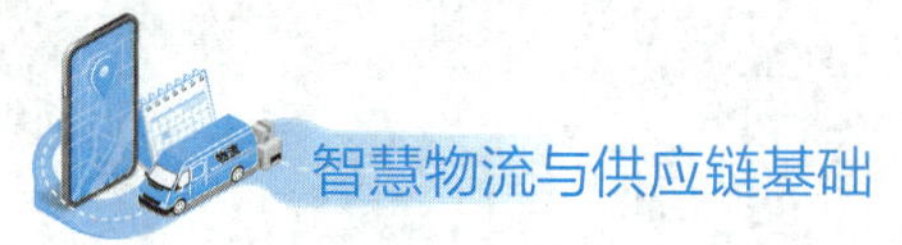

（三）绿色化

智慧包装的发展趋势

包装是产生大量废弃物的环节，如果处理不好就可能造成环境污染。随着全球范围内环保意识的逐渐增强，企业应逐步推行绿色智慧包装，节约资源，保护环境。具体而言，绿色智慧包装应满足以下要求：① 包装物对人体和其他生物无毒无害，且能够重复利用；② 包装废弃物能够降解腐化，对环境污染小。

典型案例

快件包装可循环，网购变得更环保

有关数据显示，自 2023 年 3 月起，我国单月快件量超百亿件，月均业务收入超 900 亿元，创历史新高。在市场规模稳步扩大的同时，我国邮政快递业也在努力探索绿色发展路径。大力推广可循环快件包装，正是其中的一项重要举措。

中国邮政速递物流提出“数智寄递”概念，研发出数智化可循环文件袋、可循环快件箱等产品。与普通包装不同，这些可循环快件包装用环保材料制成，并且密封处有一个黑色的小方框，这就是包装的“智能身份锁”。收件人收到快件后，用智能手机扫描“智能身份锁”上的二维码，即可开箱取件。之后，会有专人上门回收快件包装，从而实现快件包装的循环使用。截至 2023 年 6 月，中国邮政速递物流系统内可循环快件包装的使用量已达到 220 万个。

韵达速递在 2023 年新推出了可循环智能文件袋。该款文件袋采用“智能 R 锁”，支持扫码开袋、身份加密，只有指定用户可开启。同时，该款文件袋还防水、防火、防污，无须使用胶带粘贴，可重复使用。

顺丰速运研发的可循环快件包装名为“丰多宝 π-BOX”（见图 4-14）。这款外观呈灰白色、可折叠的塑料箱使用聚丙烯这一环保材料制成，具有较好的柔韧性、耐冲击性，而且易清理，可循环使用。包装时，工作人员使用魔术贴粘贴，无须使用胶带，10 秒钟即可完成折叠、封箱操作。截至 2023 年 10 月，“丰多宝 π-BOX”累计投放量已超过 129 万个。

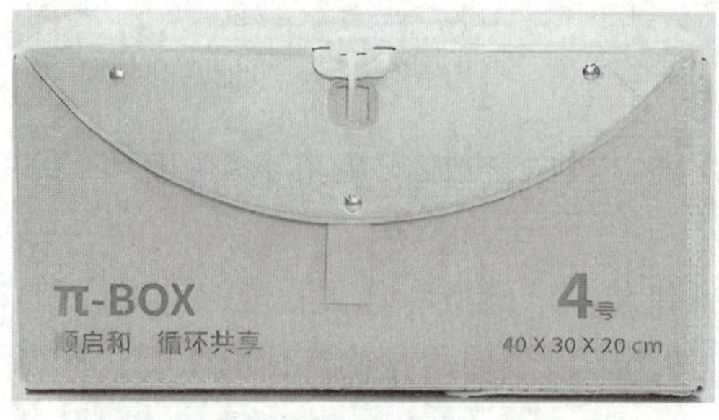

图 4-14 “丰多宝 π-BOX”

此外，京东物流、圆通速递、中通快递等物流企业也推出了各类可循环使用的包装产品。

（资料来源：李贞，《快递包装可循环 网购变得更环保》，《人民日报海外版》，2023 年 10 月 27 日）

任务实施

采访物流企业的智慧包装工作人员

任务背景：

目前，许多物流企业已开始应用智慧包装。物流企业的智慧包装工作人员是智慧包装的直接接触者，对智慧包装在实际工作中的应用情况有着直观和深入的了解。学生可通过采访他们，加深对智慧包装的认识，感悟应用智慧包装对物流企业的重要意义。

实施步骤：

（1）全班学生自由分组，每组 4～6 人，并选出 1 名小组长。

（2）小组长联系某物流企业的智慧包装工作人员，与其沟通采访事宜。

（3）小组长组织小组成员事先确定好采访时间、采访地点、采访方式和采访提纲。

（4）在采访过程中，小组成员要热情、礼貌地与采访对象交流，并做好记录。

（5）采访结束后，小组长整理采访内容，并组织小组成员撰写采访报告。

（6）小组长提交采访报告，教师进行点评。

任务二　熟悉智慧包装设备与应用

任务导入

自动化包装系统助力包装作业迈向智能化

为解决传统包装作业效率低、出错率高、资源浪费严重等问题，G 公司引进了新型自动化包装系统，大幅提高了包装作业效率，助力包装作业迈向智能化。

该系统的作业流程如下：

（1）利用像素高、采集速度快的固定式条码识别器自动识别货物信息，实现货物快速分拣。

（2）完成货物分拣后，利用传送带将货物输送至新型热缩膜包装机下，先应用 3D 扫描技术获取货物的尺寸数据，然后自动裁剪大小合适的包装材料，对货物进行自动包装。

（3）在线打印贴标机根据订单和货物情况自动、高速打印标签，将信息汇集于标签中，然后借助贴标机械手，自动粘贴标签，完成包装作业。

问题：

（1）什么是智慧包装设备？智慧包装设备在包装作业中起到怎样的作用？

（2）常见的智慧包装设备有哪些？上述案例中涉及哪些智慧包装设备？

一、智慧包装设备

智慧包装设备是实现包装作业智能化的基础，是指应用光机电一体化技术，能够完成自动裹包、智能装箱、自动封箱、自动贴标、自动捆扎等包装作业的自动化、智能化包装设备。应用智慧包装设备，能够提高包装作业效率，提升包装质量，并降低人工成本。一般而言，智慧包装设备可分为两类，一类是具有单一功能的包装机械，另一类是具有多种包装机械功能的自动包装线。

（一）具有单一功能的包装机械

常见的具有单一功能的包装机械有裹包机械、装箱机械、封口机械、标签机械、捆扎机械等。

1. 裹包机械

裹包机械是指用挠（náo）性（即物体受力会变形，且作用力失去之后不能恢复原状的性质）包装材料全部或局部包裹货物的机器。常见的裹包机械有以下几种：

（1）缠绕式裹包机（见图 4-15），是指用成卷挠性包装材料多圈缠绕货物的机器，一般用于单件货物、集装货物，或立方体货物、圆环状货物的包裹。

（2）拉伸包装机，是指使用拉伸薄膜在一定张力下包裹货物的机器，常用于大型货物和托盘货物的加固包裹。

（3）贴体包装机，是指将货物置于底板上，使覆盖货物的塑料薄片（膜）在加热和抽真空作用下紧贴货物，并与底板封合的机器。它可将货物紧紧包裹在塑料薄片（膜）和底板之间，以增强包装的防潮、防震能力。

（4）收缩包装机，是指将货物用收缩薄膜包裹后，使薄膜收缩后裹紧货物的机器。

2. 装箱机械

装箱机械是指将货物按一定方式装入包装容器的机器。装箱机械种类繁多，按装箱形式划分，装箱机械可分为抓取式装箱机（见图 4-16）、推入式装箱机、落入式装箱机、集合体套入式装箱机等；按机械结构划分，装箱机械可分为伸缩皮带式装箱机、龙门式装箱机、摇臂式装箱机等。

图 4-15 缠绕式裹包机

图 4-16 抓取式装箱机

3．封口机械

封口机械是指对包装容器进行封口的机器。封口机械种类繁多，功能各异，常见的有以下几种：

（1）钉合式封口机，是指使用金属钉封闭包装容器的机器。

（2）缝合式封口机（见图 4-17），是指使用缝线缝合包装容器的机器，主要用于麻袋、布袋、复合编织袋等的封口。

（3）胶带式封口机（见图 4-18），是指使用胶带封闭包装容器的机器，主要用于纸箱等的封口。

图 4-17 缝合式封口机

图 4-18 胶带式封口机

4．标签机械

标签机械是指将标签贴在包装件或货物上的机器。常见的标签机械有以下几种：

（1）贴标签机，是指使用黏合剂将标签贴在包装件或货物上的机器。

（2）不干胶标签机，是指通过加标机构将不干胶标签贴在包装件或货物上的机器。

（3）收缩标签机，是指用热收缩或弹性收缩的方法将标签紧套在包装件或货物上的机器。

5. 捆扎机械

捆扎机械（见图 4-19）是指使用捆扎带缠绕包装件或货物，然后收紧捆扎带并将捆扎带两端通过热效应熔融或使用卡扣等材料连接的机器。常见的捆扎机械有以下几种：

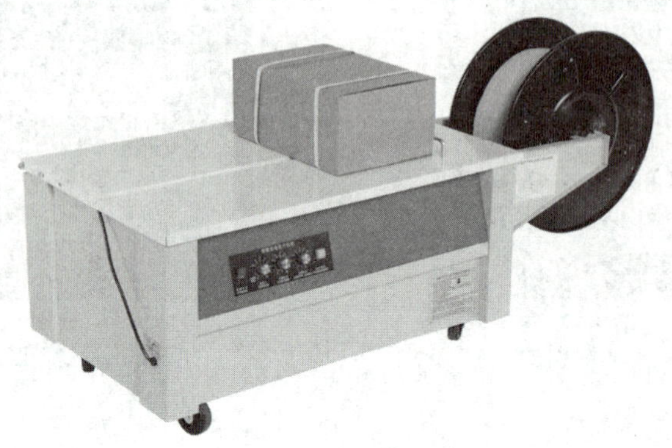

图 4-19 捆扎机械

（1）机械式捆扎机，是指采用机械传动进行捆扎的机器。

（2）液压式捆扎机，是指采用液压传动进行捆扎的机器。

（3）气动式捆扎机，是指采用空气压力传动进行捆扎的机器。

（4）捆结机，是指使用线、绳等材料，将包装件或货物缠绕一圈或多圈，并将材料两端打结连接的机器。

（5）压缩打包机，是指将轻泡货物（即体积大而自重轻的货物）压缩打包，形成形状规则的包装件的机器。

课堂互动

请根据下列不同的包装要求，选择合适的包装机械：

（1）在纸箱上贴外包装标签。

（2）对棉花进行压缩包装，以形成棉包。

（3）将化肥装入复合编织袋后，对复合编织袋进行封口。

（4）将纸箱装矿泉水堆码在托盘上后，对其进行包裹。

（5）将瓶装罐头装入纸箱后，对纸箱进行封口。

（二）自动包装线

自动包装线是指按照货物的包装作业流程，利用输送装置将数台不同功能的包装机械、辅助设备连接成可连续、自动完成货物包装全过程的包装作业线。自动包装线由自动控制系统全程控制，可按预定的包装要求将货物、包装容器、包装辅助物等组装成包装件，适用于品种少、批量大的货物的包装作业，是进行大规模包装作业的重要设备。

1. 自动包装线的组成

一般而言，自动包装线主要由包装机械、输送装置、辅助设备、自动控制系统等组成。

（1）各包装机械在自动控制系统的控制下，按照一定流程自动完成相应的包装作业。

（2）输送装置将各包装机械连接起来，形成一条连续的包装作业线，在各包装机械之间输送货物、包装容器、包装辅助物等，并最终输出包装件。

（3）辅助设备是指在自动包装线上完成包装辅助作业的各种装置，包括整理装置、检测装置、称重装置、剔除装置、转向装置、分流装置、合流装置等。

（4）自动控制系统通过控制包装机械、输送装置和辅助设备，调节输送速度、包装速度等，使各包装机械有序进行包装作业。

典型案例

N公司引进“RFID全自动成衣包装检测线”

为提高成衣包装检测效率，N公司引进了全新的“RFID全自动成衣包装检测线”。该检测线应用了RFID技术和自动控制技术，是一条集自动打包、包装检测、数据校验等功能于一体的全自动化作业线。

该检测线的作业流程如下：

（1）将已装箱的成衣（箱体上贴有已写入特定信息的RFID标签）搬至检测线的传送带上。

（2）当箱体经过自动折盖机和自动封箱机时，自动完成折盖、封箱作业。

（3）当箱体经过自动称重处时，开始自动称重，检测箱中成衣的重量是否符合规定重量，以发现多装或少装等异常情况。

（4）当箱体经过RFID扫描通道机时，开始对整箱成衣的信息进行全面识读，检测成衣数量和订单号，以发现错装、多装或少装等异常情况。

（5）当箱体经过RFID扫描通道机后，自动剔除检测结果异常的箱体。

（6）继续传送检测结果正常的箱体，当箱体到达自动贴标签机处时，自动完成贴标作业。

引入“RFID全自动成衣包装检测线”，有助于提高服装生产线末端成衣出厂、检验、入库的效率，实现工厂的自动化、精细化管理。

2. 自动包装线的分类

1）按连接形式划分

按连接形式划分，自动包装线可分为串联式自动包装线、并联式自动包装线、混联式自动包装线。

（1）串联式自动包装线上的各包装机械按包装作业流程单向顺序连接，保持作业节奏相同。这类自动包装线结构简单，布局紧凑，能保持各包装机械的作业速度一致。

（2）并联式自动包装线将具有相同功能的包装机械分布在数组平行的包装线上，以同时完成同一包装作业。在各平行的包装线之间，一般需要安装一些换向装置或合流装置。

（3）混联式自动包装线是在一条自动包装线上，同时采用串联和并联两种连接形式，以平衡各包装机械的作业节奏。这类自动包装线一般较长，设备数量、种类较多。

2）按连接特征划分

按连接特征划分，自动包装线可分为刚性自动包装线、柔性自动包装线和半柔性自动包装线。

（1）在刚性自动包装线上，某台包装机械完成一道包装工序后，输送装置直接将货物输送到下一台包装机械处进行下一道包装工序，所有包装机械按同一节奏作业。如果其中一台包装机械出现故障停止作业，其余包装机械均会停止作业。

（2）在柔性自动包装线上，某台包装机械完成一道包装工序后，货物将暂存于中间储存装置，然后自动控制系统根据作业情况控制输送装置将货物送至下一台包装机械处进行下一道包装工序。在这类自动包装线上，即使某台包装机械出现故障，也不会影响其他包装机械的正常作业。

（3）半柔性自动包装线由若干区段组成，每个区段内的各包装机械之间为刚性连接，各个区段之间为柔性连接。

二、智能包装

（一）数字智能包装

数字智能包装是指应用云计算技术、大数据技术、物联网技术等新兴信息技术，利用包装本体或使其与外部硬件相配合，增强信息传达、货物管控等功能的智能包装。在智慧物流领域，常见的数字智能包装主要有以下三种。

1. 智能语音包装

智能语音包装应用传感器和语音播放器，使包装在具有保护货物、方便储运等基本功能的同时，还具有以语音播放的方式传达货物信息、发出警报的功能。例如，某公司的水产品运输包装上装有温度传感器和语音播放器，当温度传感器感应到水产品所处环境温度过高时，语音播放器就会发出警报，提醒工作人员控制温度。

2. 平台式包装

平台式包装是指以移动互联网技术为基础，使消费者可以利用智能手机等终端设备对包装上的图形标识符进行扫描或感应，然后通过信息交互平台来获取更多货物信息（如货物的安装操作视频、使用操作视频等）的交互式数字智能包装。平台式包装扩展了货物信息的展示空间，实现了信息载体从物质形态向非物质形态的转变，有助于减少包装印刷污染。

3. 管控式包装

管控式包装是指利用信息传感设备实时采集包装在物流过程中的各种信息，并将其自动上传至智慧包装大数据平台，将包装与互联网结合，使企业可以利用这些信息对货物进行管理和控制的数字智能包装。例如，某公司在一批药品运输包装上贴上了 RFID 标签（已写入药品的名称、产地、生产日期、保质期、生产批号等信息），每当这批药品经过装有 RFID 读写器的物流节点时，RFID 读写器都会自动识读 RFID 标签中的信息并将这些信息和货物的位置、状态等信息上传至智慧包装大数据平台，从而使得该公司能够在智慧包装大数据平台上跟踪这批药品从生产出厂到最终进入消费者手中的整个过程，确保药品的运输安全。

知识之窗

智慧包装大数据平台

基于物联网技术、云计算技术和大数据技术等构建的智慧包装大数据平台，可以采集、处理、分析和应用海量的包装数据，是企业应用管控式包装的重要前提。

智慧包装大数据平台主要具有以下功能：

（1）追踪溯源。企业可在平台上对货物流通信息进行追踪管理，实现来源可查、去向可追、责任可究、风险可控。

（2）方案优化。企业可对平台上的大量历史包装数据进行分析，识别原有包装方案中存在的问题，为优化包装方案提供数据支持。

（3）产品防伪。消费者利用终端设备扫描包装上的防伪码，可在平台上查询产品的信息，辨别产品真伪。

（二）材料智能包装

材料智能包装是指应用了一种或多种智能材料，从而能够感知环境刺激，对之进行分析、判断、处理，并进行适度响应的具有仿生智能特征的包装。在长期的发展过程中，材料智能包装中所应用的智能材料的种类越来越多样化。在智慧物流领域，常见的材料智能包装主要有以下两种。

释疑解惑

智能材料是指同时具有传感器功能、情报信息处理机能和执行机构功能的材料。智能材料能够接受和响应外界环境的信息而自动改变自身状态，既可判断环境，又可顺应环境。

1. 变色材料包装

变色材料包装中应用了光敏变色材料、温敏变色材料或电敏变色材料等智能材料，在受到光线、温度、电场等特定外界因素作用时，可通过颜色的变化来做出反馈。例如，某公司在包装对温度较敏感的食品时，在其外包装上贴上了用温敏变色材料制成的智能变色标签，用来监测食品所处的环境温度。在环境温度适宜时，标签呈白色；在环境温度过高或过低时，标签呈红色。

2. 活性包装

活性包装中加入了各种气体吸收剂或释放剂，可在一定条件下吸收或释放特定气体（如氧气、二氧化碳、乙烯等），改善包装件的内部环境，从而延长内装物的保质期。活性包装常用于水产品、果蔬、鲜花、药品等货物的包装，具有延长货物保鲜时间的功能，为货物长途运输、储存提供了保障。

（三）智能循环包装

智能循环包装是指应用了先进的信息技术，用耐用材料制成，并可在循环运营管理系统的支持下多次重复使用的包装。其中，循环运营管理系统是指以智能循环包装为管理对象，对包装循环使用次数、循环使用状态和资产信息进行管理，并实现包装智能调度的信息系统。

一般而言，智能循环包装中宜加入 RFID 标签或带有近场通信功能的电子纸标签，储存或显示智能循环包装的唯一识别码和物流信息。

释疑解惑

近场通信是指一种短距离的高频无线通信技术，使两个距离大约 10 厘米的对象之间能够进行数据交换。

电子纸是指一种像纸一样利用反射光来读出信息的显示装置。电子纸可在不充电的情况下长期储存信息，具有耗电少、分辨率高、成本低等优点。

循环运营管理系统应以智能循环包装的唯一识别码为基础，实现包装循环使用次数记录、循环使用实时状态监测、包装资产管理、箱货匹配等；应提供通用接口，实现运营各方信息的传递和共享，实现循环运营管理数据的互联互通；应保护用户信息和数据安全。

典型案例

菜鸟集团推出 B2B 循环箱

2022 年 9 月，菜鸟集团推出 B2B（即企业对企业）循环箱（见图 4-20），通过在快件包装箱上嵌入自研 RFID 芯片，同时搭配循环运营管理系统，实现“一箱一码”、循环利用，以解决快件丢失率高、人工盘点效率低、包装成本高等难题。

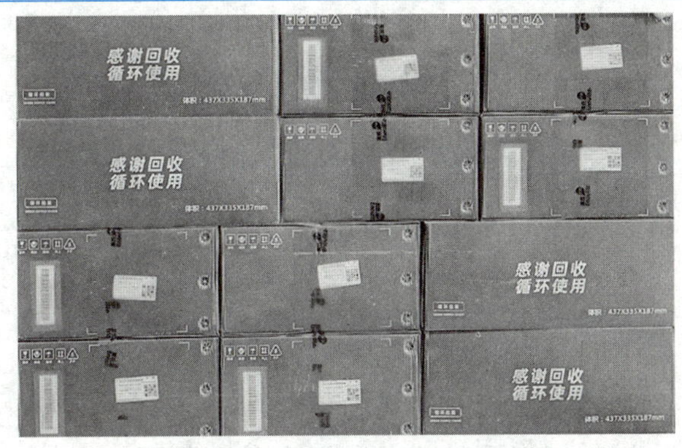

图 4-20　菜鸟集团的 B2B 循环箱

相较于传统纸箱，B2B 循环箱可多次循环使用。使用 B2B 循环箱，有助于商家减少对传统纸箱的使用，从而降低包装成本，实现降本增效。同时，将快件信息写入 B2B 循环箱内嵌的 RFID 芯片中，有助于商家对每个 B2B 循环箱进行高效识别，进而实现对快件的数字化管理。此外，菜鸟集团自研的循环运营管理系统，能够保障 B2B 循环箱在重复使用过程中被妥善管理，并实现高效周转，从而确保商家随时有箱可用，进而提高物流效率。

介绍智能包装

任务背景：

随着科技的迅速发展，许多应用了新材料、新技术的智能包装不断出现。请选择某一类智能包装，搜集该类智能包装的最新资料（如特点、功能、应用情况等），并向教师和同学们介绍。

实施步骤：

（1）全班学生自由分组，每组 4～6 人，并选出 1 名小组长。

（2）小组长组织小组成员查找新闻报道、学术论文、行业报告等，搜集某类智能包装的最新资料。

（3）各小组对搜集到的资料进行整理和分析，提取其中的关键信息，并探讨该智能包装的应用前景。

（4）小组长记录和整理分析结果，并组织小组成员制作 PPT。

（5）小组长上台展示 PPT，其他小组发表看法，教师进行点评。

学习成果检测

1. 填空题

（1）包装是______与______的总称。

（2）按在流通过程中的作用划分，包装可分为销售包装和______。

（3）按结构划分，包装可分为固定式包装、______和______。

（4）______是指将两种或两种以上具有不同性质的材料通过各种方法结合起来制成的包装材料。

（5）______是指用成卷挠性包装材料多圈缠绕货物的机器。

（6）按连接特征划分，自动包装线可分为______、______和半柔性自动包装线。

（7）______是指应用了先进的信息技术，用耐用材料制成，并可在循环运营管理系统的支持下多次重复使用的包装。

2. 单选题

（1）集装箱属于（　　）。

A. 集合包装　　B. 销售包装
C. 单件包装　　D. 软包装

（2）塑料包装材料的缺点不包括（　　）。

A. 易产生静电　　B. 易老化
C. 可塑性较差　　D. 废弃物难处理，易污染环境

（3）木质包装材料的优点不包括（　　）。

A. 可重复使用　　B. 不易受温度、湿度的影响
C. 耐压、耐冲击、耐摩擦　　D. 可承受较大的堆码载荷

（4）在内装物周围放置能够吸收冲击能量或振动能量的缓冲材料或其他缓冲元件，以免内装物受损的包装技术是（　　）。

A. 防水包装技术　　B. 防锈包装技术
C. 缓冲包装技术　　D. 防虫包装技术

（5）（　　）主要用于麻袋、布袋、复合编织袋等的封口。

A. 钉合式封口机　　B. 压缩打包机
C. 胶带式封口机　　D. 缝合式封口机

3. 判断题

（1）根据标准尺寸设计和制造的、可供不同类型货物使用的包装属于专用包装。（　　）

（2）纸包装材料气密性、防潮性、透明性差。（　　）

（3）智慧包装是指因使用了新型材料、技术等而具有智能性的包装物。（　　）

（4）拉伸包装机一般用于对单件货物、集装货物进行缠绕包裹，或对立方体货物、圆环状货物进行缠绕包裹。（　　）

（5）活性包装属于一种特殊的数字智能包装。（　　）

4. 简答题

（1）简述金属包装材料的优缺点。

（2）简述智慧包装的功能。

（3）简述智慧包装的发展现状。

（4）简述自动包装线的组成。

（5）常见的数字智能包装有哪些？

请进行学习成果评价，并将评价结果填入表 4-1 中。

表 4-1　学习成果评价表

评价项目	评价内容	分值	评价分数	
			自评	师评
知识（40%）	包装的概念、分类和包装材料、包装技术的相关知识	6		
	智慧包装的概念、功能和发展现状	10		
	智慧包装设备的相关知识	12		
	智能包装的相关知识	12		
技能（40%）	能够准确介绍各种智慧包装设备的功能	20		
	能够正确区分各种智能包装	20		
素养（20%）	乐于学习，勤于学习，善于学习	5		
	具备团队精神，积极与人合作	5		
	严谨细致，精益求精	5		
	树立创新意识，挖掘创新潜能	5		
合计		100		
总评（自评×40%+师评×60%）			教师签名：	

项目五

智慧装卸搬运

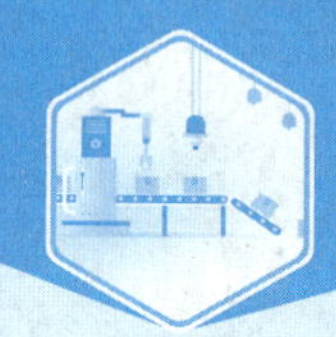

项目导读

装卸搬运是衔接物流活动各环节的桥梁和纽带，是推动物流活动顺利开展的“润滑剂”，也是制约物流活动的“瓶颈”。将智慧物流技术应用于装卸搬运作业中，使传统装卸搬运升级为智慧装卸搬运，有利于突破传统装卸搬运的局限性，促进装卸搬运合理化，从而提高整体物流效率。

知识目标

- ✓ 了解装卸搬运的概念、方式和作业方法。
- ✓ 理解智慧装卸搬运的概念、特点和作用。
- ✓ 了解卡车自动装卸系统的组成和作业流程。
- ✓ 熟悉码垛机器人系统的组成、优点和作业流程。
- ✓ 熟悉智能起重机系统的功能和优点。
- ✓ 熟悉 AGV 系统的组成和优点。

技能目标

- ✓ 能够正确区分不同类型的装卸搬运方式和作业方法。
- ✓ 能够简要介绍各种智慧装卸搬运系统的组成、功能、作业流程等。

素质目标

- ✓ 学习“‘智慧搬运工’赋能智慧工厂”“‘5G+AGV’打造智能车间”等案例，培养创新精神，做创新发展的探索者、组织者、引领者。
- ✓ 了解教授级高级工程师范某的故事，学习她身上展现出的奉献精神，追求卓越，奉献青春力量。

任务一　认识智慧装卸搬运

任务导入

装卸搬运设备智慧化，大幅提高物流效率

M 物流公司和 N 物流公司通过在智慧仓库中应用智慧装卸搬运设备，大大提高了仓库内装卸搬运作业的效率。

在 M 物流公司的智慧仓库内，托盘码垛机正在作业，其作业效率是传统高位叉车的 4～5 倍。该码垛机无须人工操作，可自动对托盘货物进行上架和下架作业。M 物流公司智慧仓库的管理人员表示，智慧装卸搬运设备的应用，减少了装卸搬运作业对人工的需求，降低了人工成本和管理难度。

在 N 物流公司的智慧仓库内，庞大的六轴搬运机器人利用吸盘码放货箱；AGV 沿着预设的路径搬运货架，如图 5-1 所示；穿梭车从货架上将装有小件货物的货箱取下，再由传送带将货箱送至分拣机器人处进行分拣；分拣机器人利用 3D 视觉系统识别货物信息，并利用吸盘将货物分拣至对应的周转箱中，再由传送带将周转箱送至打包区进行包装。该智慧仓库实现了真正的装卸搬运无人化，大幅提高了物流效率。

图 5-1　搬运货架的 AGV

问题：

（1）什么是智慧装卸搬运？智慧装卸搬运具有哪些特点？

（2）智慧装卸搬运具有哪些作用？

一、装卸搬运概述

（一）装卸搬运的概念

装卸和搬运是两个彼此衔接的活动。其中，装卸是指在运输工具间或运输工具与储存场所间，以人力或机械方式对货物进行载上（载入）或卸下（卸出）的作业过程；搬运是指在同一场所内，以人力或机械方式对货物进行空间移动的作业过程。

在实际操作过程中，装卸和搬运往往是相伴发生的。因此，在物流活动中并不强调两者之间的区别，而是将两者合称为装卸搬运。

释疑解惑

搬运的“运”与运输的“运”的区别在于，搬运是在较小地域范围内发生的，而运输是在较大地域范围内发生的。

（二）装卸搬运的方式

装卸搬运的方式主要包括以下几种：

（1）吊上吊下方式，是指利用起重设备从货物上部吊起货物，依靠起吊装置的垂直运动实现货物装卸，并在起吊装置运行的范围内实现货物搬运或依靠搬运车辆实现货物搬运的方式，如图 5-2 所示。

（2）叉上叉下方式，是指利用叉车从货物底部托起货物完成装卸，并依靠叉车运动实现货物搬运的方式，如图 5-3 所示。采用这种方式时，装卸搬运作业全程完全依靠叉车，货物不落地就可直接放置于指定位置。

图 5-2　吊上吊下方式

图 5-3　叉上叉下方式

知识之窗

装卸搬运作业中常用的叉车

装卸搬运作业中常用的叉车主要有以下几种：

（1）平衡重式叉车，是指具有承载货物的货叉，并且依靠自身重量来保持平衡的堆垛用起升车辆。其主要优点是运载能力强，行驶稳定性好，适应能力强，能够搬运各种类型的货物。

（2）插腿式叉车，是指带有外伸支腿，货叉位于两支腿之间，载荷重心始终位于稳定性好的支承面内的堆垛用起升车辆，如图 5-4 所示。与平衡重式叉车相比，插腿式叉车结构简单，自重小，体积小，机动性好，便于操作，适合在通道较窄的室内场所作业。

（3）前移式叉车，是指带有外伸支腿，通过门架或货叉架移动进行载荷搬运的堆垛用起升车辆，如图 5-5 所示。其主要优点是转弯半径小，机动性好，适合在通道较窄的室内场所作业。

（4）侧面式叉车，是指门架或货叉架位于两个车轴之间，在垂直于车辆的运行方向上横向伸缩，在车辆的一侧进行堆垛或拆垛作业的起升车辆，如图 5-6 所示。其主要优点是动力和运载能力强，行驶稳定性好，运行速度较快，驾驶视野开阔，主要用于搬运长条状货物、大件货物。

图 5-4　插腿式叉车　　图 5-5　前移式叉车　　图 5-6　侧面式叉车

（3）滚上滚下方式，是指利用叉车、汽车等装运货物，然后将车辆连同货物一起开上（下）船舶，实现货物装卸搬运的方式，如图 5-7 所示。采用这种方式时，需要有专门的船舶（滚装船）和特殊的港口、码头。

（4）移上移下方式，是指将两辆车水平靠接，然后利用各种方式将货物从一辆车上水平移动到另一辆车上，实现货物装卸搬运的方式。采用这种方式时，对站台和装卸搬运设备有一定要求。

图 5-7　滚上滚下方式

（5）散装散卸方式，是指在不对货物进行包装的情况下，直接对货物进行装卸搬运作业的方式。采用这种方式时，货物在转移过程中不落地。

（三）装卸搬运的作业方法

装卸搬运的作业方法包括散装作业法、单件作业法和集装作业法。

装卸搬运方式你都了解吗？

1．散装作业法

散装作业法是指对粮食、矿石、黄沙、水泥等散装货物进行装卸搬运的作业方法。常用的散装作业法包括以下几种：

（1）重力法，是指利用势能，使货物依靠自身重力自行卸下的作业方法。

（2）倾翻法，是指将运输工具的载货部分倾斜或翻转，从而使货物卸下的作业方法，如利用自卸车倾倒货物（见图 5-8）等。

（3）机械法，是指利用能装载散装货物的各种设备进行装卸搬运的作业方法，如利用带式输送机输送货物（见图 5-9）等。

图 5-8　利用自卸车倾倒货物

图 5-9　利用带式输送机输送货物

（4）气动法，是指利用风机在气力输送机（见图 5-10）的管道内形成单向气流，依靠气体流动或气压差来装卸搬运货物的作业方法。气动法常用于装卸搬运不易黏结的粉状固体货物。

释疑解惑

气力输送机是指在管道内借助有一定能量的气体输送货物的输送机，主要由动力装置、管道、分离器、除尘器等组成。按管道内的空气压力大小划分，气力输送机可分为吸气式气力输送机、压气式气力输送机和混合式气力输送机。

2. 单件作业法

单件作业法是指利用机械对按件计的货物逐件进行装卸搬运的作业方法，如图 5-11 所示。采用单件作业法时，由于需要逐件处理货物，作业速度较慢。单件作业法适用于装卸搬运较长、较大、较重、形状特殊的货物和不宜集装的危险货物。

图 5-10　气力输送机

图 5-11　单件作业法

3. 集装作业法

集装作业法是指先将货物组成集装单元，然后对其进行装卸搬运的作业方法。采用集装作业法时，一次装卸搬运批量大，作业速度快，货损、货差较少。集装作业法的适用范围较广，一般货物都可采用集装作业法进行装卸搬运。常用的集装作业法包括以下几种：

（1）集装箱作业法，是指将一定数量的货物装入集装箱内，然后进行装卸搬运的作业方法，如图 5-12 所示。

（2）托盘作业法，是指将一定数量的货物码放在托盘上，然后进行装卸搬运的作业方法，如图 5-13 所示。

（3）货捆作业法，是指将一定数量的货物捆扎在一起，然后进行装卸搬运的作业方法。

图 5-12　集装箱作业法

图 5-13　托盘作业法

课堂互动

请根据下列货物的特性，为这些货物选择合适的装卸搬运作业方法。

（1）码放在托盘上的成箱饮料。

（2）成堆的煤炭。

（3）造型精美的大型石雕。

（4）成捆的钢丝卷。

（5）用集装箱装好的服装。

二、智慧装卸搬运的概念

智慧装卸搬运是指充分应用物联网技术、大数据技术、自动控制技术、AI 技术等先进技术，对传统装卸搬运流程进行优化，实现作业过程的自动运行与自动控制、作业环境的智能感知、作业方式的智能选择、作业状态的智能控制和异常情况的智能处理，从而高效、安全地实现货物载上、卸下和转移的活动。

三、智慧装卸搬运的特点

（一）无人化

智慧装卸搬运的显著特点是无人操作。智慧装卸搬运设备上配有自动控制系统、自动导航装置、自动抓取装置等，依靠传感探测技术、追踪定位技术、视觉识别技术、自动控制技术等，可以在无人操作的情况下，按照预设的程序进行精确的装卸搬运作业。

（二）柔性化

智慧装卸搬运的柔性化特点主要体现在企业可以根据物流作业需求的变化（如作业

流程变化、货物类型或数量变化、作业环境变化等），灵活调整智慧装卸搬运设备的预设程序，或将多台智慧装卸搬运设备组合使用，实现对装卸搬运作业的及时调整。

（三）高效化

在智慧装卸搬运活动中，多台智慧装卸搬运设备可以协同作业，从而有序、高效地完成装卸搬运任务。此外，企业还可以依靠新技术、新设备，实现 24 小时连续作业，并提高装卸搬运作业的速度和准确性，从而大幅提高装卸搬运效率。

四、智慧装卸搬运的作用

（一）有利于减少作业差错

在智慧装卸搬运活动中，企业借助自动化和智能化的技术手段，能够减少作业差错，提高装卸搬运作业的可靠性，具体体现在以下两个方面：

（1）企业能够利用智慧装卸搬运设备自动完成货物的装卸搬运，减少人为因素导致的操作失误，从而降低出现作业差错的风险。

（2）借助物联网技术、大数据技术等，企业能够实时监控装卸搬运作业过程和智慧装卸搬运设备的运行状态，一旦出现异常情况，便会立即收到预警信息，从而可及时发现并纠正作业差错，防止问题扩大化。

（二）有利于适应复杂的作业环境

（1）智慧装卸搬运设备上通常配置了多种传感器，能够实时感知作业环境中的温度、湿度、光线、障碍物等因素，并根据环境因素的变化，自动调整运行参数（如作业速度、作业路径、载重量等）和工作模式，从而确保在复杂的作业环境中仍能高效、准确地完成装卸搬运作业。

（2）借助先进的协同控制技术和通信技术，企业能够实现多台智慧装卸搬运设备之间的无缝衔接和高效配合，从而在复杂的作业环境中保持装卸搬运作业的连贯性和稳定性。

（三）有利于实现高效协同

首先，借助物联网技术，企业能够实现智慧装卸搬运设备之间的互联互通，使得设备之间能够实时交换信息，从而实现联动作业，协同完成装卸搬运任务，避免资源浪费。

其次，在智慧装卸搬运活动中，企业能够实现人机协同。通过人机交互界面，工作人员能够实时了解智慧装卸搬运设备的运行状态和装卸搬运任务的完成进度，还能向智慧装卸搬运设备发送指令。这种人机协同的作业方式使得装卸搬运作业更加灵活和高效。

最后，在智慧装卸搬运活动中，企业能够实时采集各种装卸搬运数据，并将其上传至管理信息系统，从而为装卸搬运环节与其他物流环节实现数据共享和高效协同提供支持。

典型案例

“智慧搬运工”赋能智慧工厂

某汽车零部件制造厂启动场内物流升级项目，引进一批“智慧搬运工”——物流专用高速搬运机器人 XPL201，将其应用于原材料和成品转运环节，以打造智慧工厂。

1．快速、精准搬运，24 小时不停歇

物流专用高速搬运机器人 XPL201 的运行速度可达 2.5 m/s。尽管该制造厂的场内面积较大，借助该款搬运机器人，该制造厂仍能实现原材料和成品的快速转运。在应用激光导航、定位导航算法等技术的基础上，该款搬运机器人在复杂的环境中仍能精准地将原材料和成品搬运至指定地点，作业准确率高达 100%。此外，该款搬运机器人还能根据自动化生产线的需求，实现自主充电，并智能调节充电时间。在生产高峰期，该款搬运机器人能够智能缩短充电时间。

2．双机协同作业，更高效、更安全

物流专用高速搬运机器人 XPL201 能够实现双机协同作业。成品下线后，即刻有搬运机器人自动将成品搬运入库，与此同时，另一台搬运机器人会快速将空料筐搬运至自动化生产线的工位旁，以装载新下线的成品。此外，该款搬运机器人上还配置了多重安全保障系统，能够自主避开障碍物，让场内搬运作业更安全。

任务实施

观看和分析智慧装卸搬运作业视频

实施步骤：

（1）全班学生自由分组，每组 4～6 人，并选出 1 名小组长。

（2）小组长组织小组成员搜集智慧装卸搬运作业视频。

（3）各小组轮流上台利用计算机和投影仪等播放搜集到的视频，其他小组在观看视频的过程中记录其中的要点。

（4）观看结束后，各小组分析各段视频中涉及的装卸搬运方式和作业方法，并探讨智慧装卸搬运对促进物流业发展的重要意义。

（5）小组长记录和整理主要观点，然后轮流上台汇报分析结果，教师进行点评。

任务二　熟悉智慧装卸搬运系统

任务导入

“5G+AGV”打造智能车间

在某企业的注塑车间内，一眼望去已看不到工人搬运货物的场景，取而代之的是众多AGV有条不紊地按照既定路径搬运货物的场景（见图5-14）……在引进AGV系统之前，该企业注塑车间内的货物只能靠人工搬运。工人在8小时内平均只能完成13次搬运工作，工作效率很低，且体力消耗非常大。引进AGV系统之后，工人只需将流水线上重达250～400千克的塑胶模具吊装到AGV上，由AGV搬运即可，这极大地提高了车间的货物搬运效率。

图5-14　AGV搬运货物的场景

此外，该企业还在注塑车间内实现了5G专用网络全覆盖，AGV连接5G专用网络后能主动避让障碍物，自动搬运货物，自动充电，大大降低了发生搬运安全事故的概率，提高了整个车间的生产效率。车间负责人只需在后台发出指令，就能让AGV全天候实时响应，点对点地完成货物搬运作业，从而保障了生产任务的有序完成。

（资料来源：毕真，《5G+AGV小车藏着大神奇》，浙江在线，2023年4月7日）

问题：

（1）什么是AGV？

（2）AGV系统包括哪些组成部分？

（3）除了AGV系统外，还有哪些智慧装卸搬运系统？

一、卡车自动装卸系统

卡车自动装卸系统可自动完成货物装卸作业，从而缩短装卸时间，提高装卸效率。

（一）卡车自动装卸系统的组成

卡车自动装卸系统主要由装卸主体设备和装卸平台两部分组成。装卸主体设备安装在卡车内部，装卸平台主要由平台主体结构、固定式滚轨传送系统、智能货叉、气动滑轨、控制系统、输送设备和车台对接装置等组成。

（二）卡车自动装卸系统的作业流程

下面以托盘货物的卸车作业为例，说明卡车自动装卸系统的作业流程：

（1）卡车司机打开车厢后门并沿着装卸通道倒车，通过车台对接装置使车厢尾部与装卸平台对接。

（2）控制系统驱动智能货叉沿着固定式滚轨传送系统运行到合适位置并伸入托盘底部，待智能货叉完全伸入托盘底部后，降下托盘限位卡销，同时使气动滑轨充气，以带动智能货叉托着托盘货物向上抬起。

（3）控制系统驱动智能货叉收回，连带将托盘货物托出车厢，并送入装卸平台。

（4）托盘货物进入装卸平台后，被放置到输送设备上，由输送设备输送到指定库区。

二、码垛机器人系统

码垛机器人系统具有仿生智能、自动控制、可重复编程等特性，能够自动将货物按照预设的方式码放在一起。

释疑解惑

可重复编程是指无须更换机械系统即可更改已编程的运动或辅助功能。

（一）码垛机器人系统的组成

码垛机器人系统主要由码垛机器人、周边设备、传感系统、控制系统等组成。

1. 码垛机器人

码垛机器人是指能够将外部轮廓一致、有确定规格的货物按一定摆放规则堆放在指定托盘上的工业机器人。码垛机器人广泛应用于装卸搬运箱装、瓶装、袋装、桶装等包装形式的货物。使用码垛机器人，能够实现装卸搬运作业的自动化与智能化。

码垛机器人主要由操作机、动力源装置、连接管线等组成。其中，操作机是指用来抓取和（或）移动货物、由一些相互铰接或相对滑动的构件组成的多自由度机器。码垛机器人的操作机主要由手臂、手腕、机械接口等组成（见图 5-15），直接影响自身的作业范围、运动轨迹和负载能力。

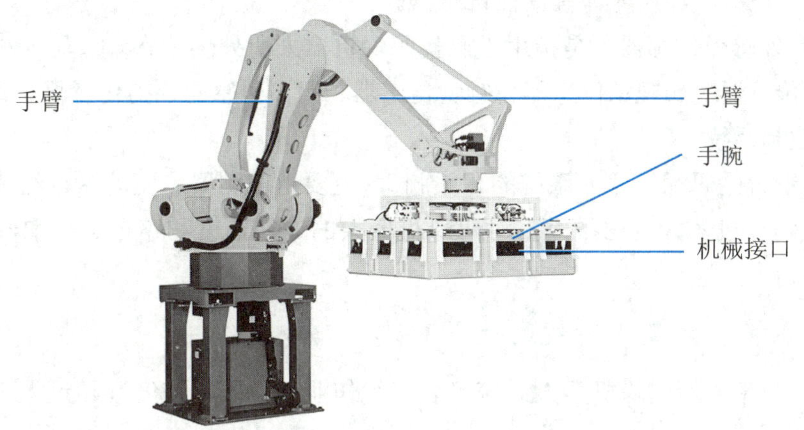

图 5-15　码垛机器人的操作机

释疑解惑

机械接口是指位于码垛机器人的操作机末端，用于安装末端执行器的安装面。

2．周边设备

在码垛机器人系统中，周边设备与码垛机器人相互配合、协同作业，确保码垛机器人系统能够高效、准确地完成码垛任务。具体而言，码垛机器人系统的周边设备主要包括末端执行器、输送设备等。其中，末端执行器是指安装于码垛机器人手腕末端，通过外夹、内撑、吸附等方式抓取货物，从而完成装卸搬运作业的装置，如图 5-16 所示。

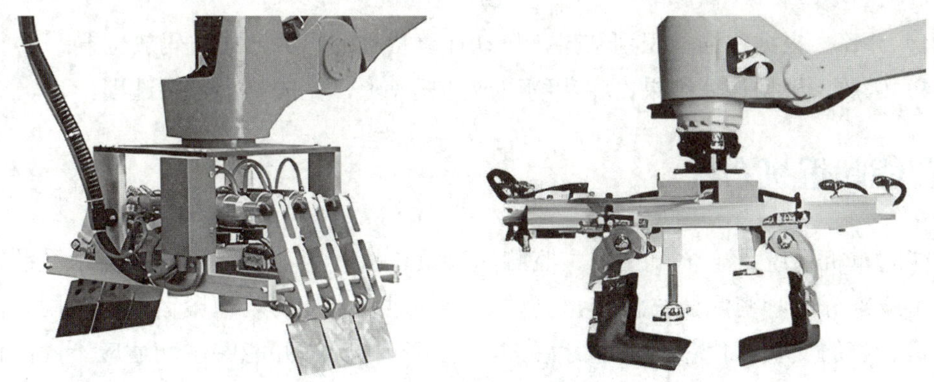

图 5-16　末端执行器

3．传感系统

码垛机器人系统中配置了多种传感器，用于获取控制码垛机器人所需的内部和外部信息。具体而言，码垛机器人系统中的传感器可分为以下两大类：

（1）本体感受传感器，是指用于测量码垛机器人内部状态的传感器，如码盘、电位计、测速发电机、加速度计等惯性传感器。

（2）外感受传感器，是指用于测量码垛机器人所处环境状态或码垛机器人与环境交互状态的传感器，如视觉传感器、触觉传感器、距离传感器、力传感器、声传感器等。

4. 控制系统

控制系统是码垛机器人系统的“大脑”，主要由控制器、驱动器等组成，可按照输入的程序向码垛机器人发出指令，对码垛机器人的运行速度和路径、抓取和码放位置等进行精确控制。

（二）码垛机器人系统的优点

（1）效率高。码垛机器人系统可以连续作业，且码垛速度远超过人工码垛速度，装卸搬运效率高。

（2）适应性强。工作人员只需在控制终端更改相关运行参数或程序，就可以让码垛机器人系统调整作业模式，以满足不同货物的码垛要求。此外，码垛机器人系统还可以在恶劣或危险的环境中作业，避免人工操作可能带来的安全风险。

（3）准确性高。码垛机器人系统可以准确地将货物码放到指定位置，避免人工操作带来的误差。

（三）码垛机器人系统的作业流程

（1）定位。利用传感系统对输送设备上的货物进行精准定位。

（2）抓取。利用末端执行器从输送设备上抓取货物。

（3）扫描与识别。对货物进行扫描，获取货物的尺寸、形状、重量等信息，同时自动识别货物的类型和规格等。

（4）计算。根据扫描与识别结果，自动计算货物的码放方式与码放位置。

（5）码放。根据计算结果，将货物码放到托盘上，完成整个码垛过程。

三、智能起重机系统

智能起重机系统是一个集控制、监测、决策、执行等功能于一体的复杂系统，能够通过各组成部分的紧密配合与协作，高效、准确地完成货物装卸搬运作业，同时能够实现人、机、物的交互，代替人工进行感知、决策和执行，并能够主动适应不同的作业环境。该系统主要由智能起重机（见图 5-17）、信息感知系统、智能决策系统、控制系统等组成。

图 5-17　智能起重机

(一) 智能起重机系统的功能

(1) 作业环境识别。智能起重机系统可自动识别作业环境的温度、湿度、风速、风向等，并据此自动调整部分运行参数，以适应不同的作业环境。

(2) 作业对象识别。智能起重机系统可借助 RFID 技术、图像识别技术、光学字符识别技术、生物特征识别技术等，识别作业对象的位置、形状、包装方式等。

(3) 定位和抑摆功能。智能起重机系统可采用激光测距仪定位、编码尺定位、格雷母线定位等方法，设置不同的定位模块，分别对智能起重机的小车运行机构、起升机构、变幅机构、回转机构等进行定位。此外，智能起重机系统还可抑制由智能起重机各机构动作和风力、摩擦等引起的货物摆动。

(4) 路径规划。智能起重机系统可自动规划最优作业路径，提高装卸搬运效率。

(5) 速度智能控制。智能起重机系统可根据作业环境、作业对象等因素自动调整智能起重机各机构的作业速度。

(6) 状态监控。智能起重机系统可监控智能起重机各机构的作业过程，对重要的运行参数和安全信息进行记录和管理。

(7) 防撞功能。智能起重机系统可借助红外线识别技术、激光识别技术、雷达识别技术等，测定智能起重机与障碍物之间的距离，并自动调整作业路径，防止碰撞。

(8) 设备故障诊断。智能起重机系统可自动检测、分析、判断设备的故障情况，对可能发生的故障进行预报，并在发生故障时自动报警并记录故障信息。

(二) 智能起重机系统的优点

(1) 作业效率高。智能起重机系统可自动识别作业环境、作业对象等因素，并据此规划最优作业路径，自动调整作业速度，从而保证高效完成装卸搬运作业。

(2) 无人化作业。智能起重机系统可自主作业，无须工作人员在现场操作，能够避免人员受伤和人工失误。

智能起重机系统的作业流程

（3）运行稳定、安全。智能起重机系统可根据作业情况，自动调整作业路径、作业速度等，还可自动避让障碍物，对故障进行分析、预报，从而保证装卸搬运作业的稳定、安全。

（4）可对接其他系统。智能起重机系统可与 WMS、生产线控制系统等系统对接，并将作业信息实时上传至这些系统中，从而便于智能起重机系统与其他系统实现高效协同作业。

典型案例

为“国之重器”赋予智慧大脑

范某，教授级高级工程师、中联重科股份有限公司首席研究员。她潜心钻研工程机械智能感知与智能控制技术数十年，两次荣获中国机械工业科技进步奖，并于 2022 年获得湖南省“卓越工程师”荣誉称号。

从 2018 年到 2023 年，范某带领团队研发的智能起重机经历了两次迭代，终于拥有了“眼睛”和“大脑”。“眼睛”是指配置在起重机臂尖的雷达相机，“大脑”则是配置在起重机上的控制器。借助这两个装置，智能起重机 2.0 能够快速扫描作业现场，在大量形状、材质类似的物品中准确找到作业目标，并且根据现场环境情况自动规划作业路径，自动避让障碍物。

被称为“国之重器”的起重机是国家重大工程建设的主力军，需要不断进行新的突破。面对责任和挑战，范某选择将智能起重机升级为智能吊装机器人，提出了融合作业环境、臂架结构、运动特性等因素的作业路径规划策略，通过反复的推演和仿真模拟赋予了智能吊装机器人 3.0 智慧。在她的构想中，智能吊装机器人 3.0 不仅可以根据作业环境和作业需求实时选择最优的作业方式，而且将在安全性和作业效率等方面得到进一步提升。

范某的脑中有一张“地图”，上面画着工程机械智能化发展的脉络。如今，已经走过“地图”上许多区域的她，仍在不断思考如何将工程机械的智能化做到极致。未来，她的目标是争取每两年产出一个“首台”产品，不断攀登工程机械智能化技术新的高峰。

（资料来源：谭雨欣，《为“国之重器”赋予智慧大脑》，新湖南官网，2023 年 2 月 19 日）

四、AGV 系统

AGV 系统是以电池驱动 AGV 搬运货物的作业系统。AGV 系统能够根据预设的程序控制 AGV 自动行驶，同时感知周围环境，规避障碍物和工作人员，从而顺利完成搬运作业。

（一）AGV 系统的组成

AGV 系统主要由 AGV、上位控制系统、导航系统、通信系统和充供电系统等组成，如图 5-18 所示。

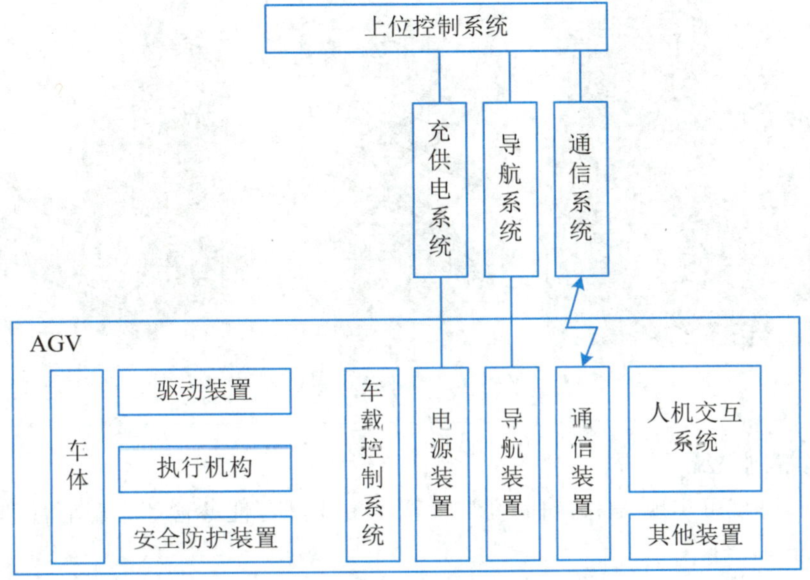

图 5-18　AGV 系统的组成

1．AGV

AGV 是指具备货物搬运能力或操作能力，以轮式（含履带）移动为特征，基于环境标记物或外部引导信号，沿预设路径自主移动的设备。一般而言，AGV 由车体（包括驱动装置、执行机构、安全防护装置等）、车载控制系统、电源装置、导航装置、通信装置、人机交互系统和其他装置组成。

按装载方式划分，AGV 可分为背负式 AGV、牵引式 AGV、移载式 AGV、举升式 AGV、叉取式 AGV 等。企业可根据不同的应用场景选择合适的 AGV。

（1）背负式 AGV 可完全承载货物的重量，自动进行货物搬运。

（2）牵引式 AGV 不承载或不完全承载货物的重量，只为货物提供牵引力，拉动货物移动。

（3）移载式 AGV 上设有移载机构（如皮带、辊子等），可与输送线实现无缝对接，承接从输送线上下线的货物。

（4）举升式 AGV 上设有自动升降机构，可提升或降低货物的高度。

（5）叉取式 AGV 上设有货叉，与叉车的功能类似。

课堂互动

请结合所学知识，说一说图 5-19 中的 AGV 分别属于哪种类型。

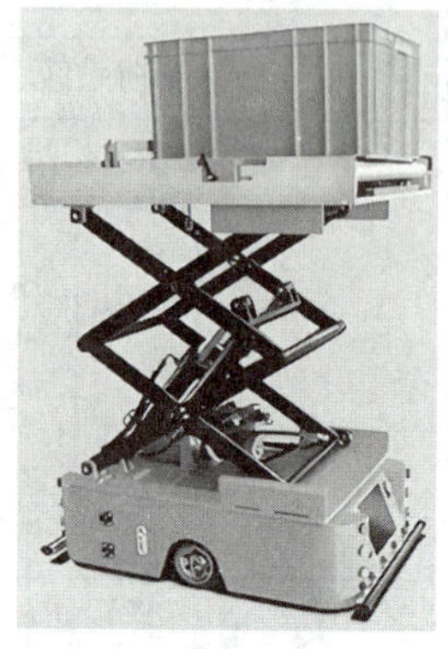

图 5-19　不同的 AGV

2．上位控制系统

上位控制系统可实现 AGV 的调度与管理，主要具有任务管理、车辆管理、交通管理和监控等功能。

（1）任务管理。上位控制系统能够管理 AGV 系统运行过程中的各种任务，并对任务执行信息进行记录和统计。具体而言，任务管理功能主要体现在以下几个方面：① 任务正常执行；② 充电任务或换电池任务执行；③ 任务异常处理，包括任务的取消、删除及变更信息等；④ 权限管理；⑤ 任务查询。

（2）车辆管理。上位控制系统能够调度 AGV 系统中运行的所有 AGV。具体而言，车辆管理功能主要体现在以下几个方面：① 车辆分配；② 路径搜索；③ 运行控制；④ 车辆的退出与恢复；⑤ 车辆故障处理；⑥ 车辆信息采集。

（3）交通管理。上位控制系统能够对 AGV 系统中运行的所有 AGV 进行交通管制。具体而言，交通管理功能主要体现在以下几个方面：① 多车避让；② 路径分配；③ 阻塞报告；④ 死锁检测；⑤ 流量控制。

（4）监控。上位控制系统能够直观显示 AGV 系统的实时运行状态信息、运行日志、历史日志等。具体而言，监控功能主要体现在以下几个方面：① 故障报警；② 任务监控；③ 车辆监控；④ 运行日志记录。

3．导航系统

导航系统利用传感器或其他定位设备为 AGV 提供位置信息和导引方向。常用的 AGV 导航方式有电磁导航、磁带导航、激光反射板导航、视觉导航等。

（1）电磁导航是指 AGV 利用车载传感器识别电磁线上的电磁信号频率来实现自动导航的导航方式。采用电磁导航时，工作人员需要将电磁线埋在地下，以免电磁线受污染或破损。需要注意的是，采用电磁导航的 AGV 无法在铁板上行驶。

（2）磁带导航是指 AGV 利用车载传感器识别磁带磁场信号来实现自动导航的导航方式。采用磁带导航时，工作人员需要在 AGV 运行区域内粘贴或预埋磁带和地标。图 5-20 为沿磁带运行的 AGV。

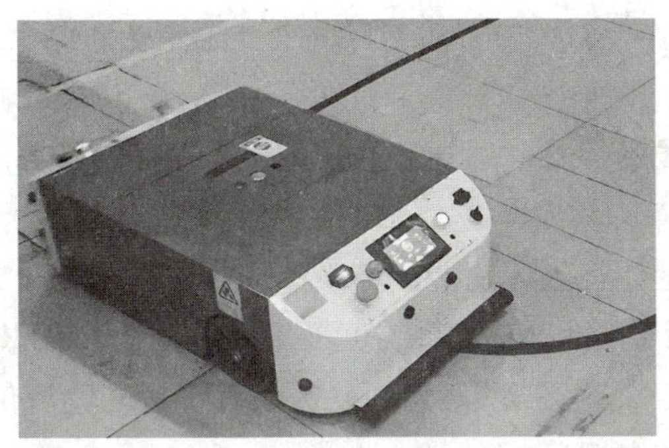

图 5-20　沿磁带运行的 AGV

（3）激光反射板导航是指 AGV 通过发射激光束，同时利用车载激光传感器接收由反射板反射的激光束来确定位置和方向，并通过连续的三角几何运算来实现自动导航的导航方式。采用激光反射板导航时，工作人员需要在 AGV 运行区域内的准确点位上安装激光反射板。激光反射板导航灵活性较好，精度高，便于改变和扩充 AGV 的行驶路径。

（4）视觉导航是指 AGV 利用车载视觉传感器获得运行区域内环境的图像或视频信息，并采用各种方法提取相应特征，以确定自身相对位置，从而实现自动导航的导航方式。视觉导航灵活性较好，精度较高，但抗干扰能力较差。

4．通信系统

通信系统可实现上位控制系统与 AGV 和其他设备之间、上位控制系统与其他系统之间的信息（包括任务信息、操作指令、车辆状态信息、交通管理信息等）交互。

5．充供电系统

充供电系统主要为 AGV 提供电力。当 AGV 需要补充电力时，上位控制系统会指挥 AGV 驶向指定充电位。在车载充电连接器与充供电系统自动连接后，AGV 就可进行充电。图 5-21 为正在充电的 AGV。

图 5-21　正在充电的 AGV

（二）AGV 系统的优点

（1）高效、稳定。AGV 系统可连续作业，且作业速度快，有利于提高装卸搬运效率。此外，AGV 系统还可避免人工操作造成的失误和事故，保证作业质量稳定、可靠。

（2）自动化水平高。AGV 内置可自动运行的执行机构，可按照预设的路径和指令自动完成装卸搬运作业，无须人工操作。此外，AGV 还内置先进的导航装置，可利用电磁导航技术、视觉导航技术等准确感知环境，实现自动、精准导航。

（3）安全性高。AGV 利用车载传感器和安全防护装置来预防安全事故，具有防止意外碰撞、紧急停止、避让行人等功能，可确保作业过程的安全。

（4）可采集和分析数据。AGV 系统可采集和分析大量的装卸搬运数据（如装卸搬运时间、装卸搬运量、行驶路径等），为企业提供有价值的物流信息，有利于企业优化装卸搬运作业流程，提高装卸搬运效率。

（5）节约成本。借助 AGV 系统，企业可大幅减少对人工的依赖，降低人工成本。此外，AGV 系统还可帮助企业减少人工失误造成的损失和浪费。

知识之窗

AMR 与 AGV 的区别

AMR 是指集环境感知、动态决策规划、行为控制与执行等多功能于一体，可在运行区域内独立移动的机器人。与 AGV 类似，AMR 也可实现货物的短途搬运。图 5-22 为正在搬运货物的 AMR。

图 5-22　正在搬运货物的 AMR

但是，AMR 与 AGV 也有明显的区别，具体表现在以下几个方面：

（1）计算能力。AMR 本身具有强大的计算能力，可通过传感器感知周围环境并自行做出相应决策；AGV 本身则是一个执行机器，执行上位控制系统发出的指令，无法自行做出决策。

（2）路径规划。AMR 可实现自主导航，随时改变行驶路径，并可智能筛选出最优行驶路径；AGV 只能按照预设的路径行驶，如需改变路径，就必须重新规划路径。

（3）环境要求。AMR 有良好的越障能力和适应性，可在不平坦、有裂缝的地面行驶，配合定制货架还可实现立体作业；AGV 对环境要求较高，必须在地面平坦且无裂缝、行驶路径上无障碍物和污渍等条件下才能正常运行。

任务实施

以视频形式介绍智慧装卸搬运系统

实施步骤：

（1）全班学生自由分组，每组 4～6 人，并选出 1 名小组长。

（2）各小组以某种智慧装卸搬运系统（不限于本项目中已介绍过的系统）为介绍对象，搜集与该系统相关的图文、视频资料（如系统组成、作业原理、作业流程、操作方法、注意事项等）。

（3）小组长整理资料，并组织小组成员制作时长为 5～10 分钟的视频。

（4）小组长上台展示视频，教师进行点评。

学习成果检测

1．填空题

（1）______________是指利用叉车、汽车等装运货物，然后将车辆连同货物一起开上（下）船舶，实现货物装卸搬运的方式。

（2）智慧装卸搬运的特点包括无人化、______________和______________。

（3）______________是码垛机器人系统的“大脑”，可按照输入的程序向码垛机器人发出指令，对码垛机器人的运行速度和路径、抓取和码放位置等进行精确控制。

（4）AGV 系统主要由 AGV、______________、______________、通信系统和充供电系统等组成。

2．单选题

（1）（　　）是指将两辆车水平靠接，然后利用各种方式将货物从一辆车上水平移动到另一辆车上，实现货物装卸搬运的方式。

A．移上移下方式　　B．叉上叉下方式

C．滚上滚下方式　　D．吊上吊下方式

（2）以下选项中，（　　）不属于集装作业法。

A．集装箱作业法　　B．托盘作业法

C．货捆作业法　　D．重力法

（3）以下选项中，（　　）不属于智能起重机系统的功能。

A．作业环境识别　　B．路径规划

C．状态监控　　D．故障自动修复

（4）以下选项中，（　　）不属于 AGV 系统中上位控制系统的功能。

A．任务管理功能　　B．通信管理功能

C．交通管理功能　　D．监控功能

3．判断题

（1）在实际操作过程中，装卸和搬运往往是相伴发生的。（　　）

（2）吊上吊下方式是指在不对货物进行包装的情况下，直接对货物进行装卸搬运作业的方式。（　　）

（3）卡车自动装卸系统主要由装卸主体设备和装卸平台两部分组成。（　　）

（4）智能起重机系统无法自动规划最优作业路径。（　　）

4．简答题

（1）在装卸搬运作业中，常用的散装作业法包括哪几种？

（2）简述智慧装卸搬运的作用。

（3）简述码垛机器人系统的优点。

（4）简述码垛机器人系统的作业流程。

（5）简述智能起重机系统的优点。

（6）简述 AGV 系统的优点。

学习成果评价

请进行学习成果评价，并将评价结果填入表 5-1 中。

表 5-1　学习成果评价表

<table>
<tr><th rowspan="2">评价项目</th><th rowspan="2">评价内容</th><th rowspan="2">分值</th><th colspan="2">评价分数</th></tr>
<tr><th>自评</th><th>师评</th></tr>
<tr><td rowspan="6">知识
（40%）</td><td>装卸搬运的概念、方式和作业方法</td><td>6</td><td></td><td></td></tr>
<tr><td>智慧装卸搬运的概念、特点和作用</td><td>6</td><td></td><td></td></tr>
<tr><td>卡车自动装卸系统的组成和作业流程</td><td>7</td><td></td><td></td></tr>
<tr><td>码垛机器人系统的组成、优点和作业流程</td><td>7</td><td></td><td></td></tr>
<tr><td>智能起重机系统的功能和优点</td><td>7</td><td></td><td></td></tr>
<tr><td>AGV 系统的组成和优点</td><td>7</td><td></td><td></td></tr>
<tr><td rowspan="2">技能
（40%）</td><td>能够正确区分不同类型的装卸搬运方式和作业方法</td><td>20</td><td></td><td></td></tr>
<tr><td>能够简要介绍各种智慧装卸搬运系统的组成、功能、作业流程等</td><td>20</td><td></td><td></td></tr>
<tr><td rowspan="4">素养
（20%）</td><td>乐于学习，勤于学习，善于学习</td><td>5</td><td></td><td></td></tr>
<tr><td>具备团队精神，积极与人合作</td><td>5</td><td></td><td></td></tr>
<tr><td>严谨细致，精益求精</td><td>5</td><td></td><td></td></tr>
<tr><td>树立创新意识，挖掘创新潜能</td><td>5</td><td></td><td></td></tr>
<tr><td colspan="2">合计</td><td>100</td><td></td><td></td></tr>
<tr><td colspan="2">总评（自评×40%+师评×60%）</td><td></td><td colspan="2">教师签名：</td></tr>
</table>

项目六

智慧配送

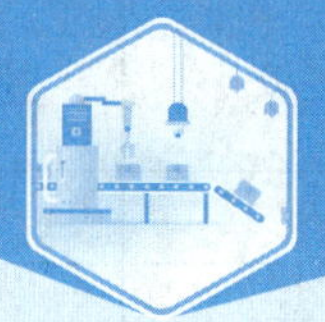

项目导读

智慧配送是一项特殊的综合性物流活动，几乎涵盖了智慧物流系统的所有功能要素。智慧配送依托各种智慧物流技术，实现了配送线路智能规划、配送设备自动运行、配送数据高效处理等，突破了传统配送的瓶颈，使配送过程更加灵活、高效、智能，极大地提高了配送效率和配送质量。

知识目标

✓ 了解配送的概念和分类。

✓ 理解智慧配送的概念和特点。

✓ 熟悉智慧配送中心的分类和功能。

✓ 了解智慧配送信息平台的功能模块。

✓ 熟悉智慧配送设备的相关知识。

技能目标

✓ 能够正确区分不同类型的配送和配送中心。

✓ 能够简要介绍各种智慧配送设备的功能、作业流程、作业要求等。

素质目标

✓ 学习“丰巢探索全链条无人配送服务场景”“某科技公司自主研发的配送用无人机”等案例，明白科技创新是实现高质量发展的强大驱动力，树立创新意识。

✓ 了解各种智慧配送设施设备的应用前景，拓宽视野，培养与时俱进的精神。

任务一　认识智慧配送

任务导入

合肥市医疗物资配送开启“空中速递”

2024 年 3 月，随着一架载有急救用血的无人机（见图 6-1）缓缓降落在安徽省妇幼保健院（西院），从合肥市中心血站至安徽省妇幼保健院（西院）的无人机低空血液配送航线首飞取得圆满成功。此次首飞成功不仅为患者开辟了一条空中绿色生命通道，也标志着合肥市开始在医疗场景中应用智慧配送。

图 6-1　无人机

从合肥市中心血站到安徽省妇幼保健院（西院），采用汽车配送通常需要半个小时左右，如今采用无人机配送后，避免了等待红绿灯和路面交通拥堵带来的时间延迟，仅需 15 分钟左右即可完成血液配送，大幅提高了紧急医疗物资的配送效率，为患者争取了更多救治时间。

问题：

（1）什么是智慧配送？

（2）智慧配送具有哪些特点？上述案例中体现了智慧配送的哪些特点？

一、配送概述

配送的一般流程

（一）配送的概念

配送是指在经济合理区域范围内，根据客户要求，对货物进行分类、拣选、集货、包装、组配等作业，并按时送达指定地点的物流活动。

配送具有以下内涵：

（1）配送应限定在经济合理区域范围内。配送方应从经济合理的角度来划分配送区域，建立高效、快捷的配送网络，尽可能地降低配送成本。

（2）配送应以客户要求为出发点。配送方应根据客户在货物品种、货物数量、送达时间、送达地点等方面的要求进行配送。

（3）配送是“配”与“送”的有机结合。“配”是对货物进行分类、拣选、集货、包装、组配等，“送”是以各种方式将货物送达指定地点。配送是在全面组配货的基础上，充分按照客户要求运送货物。

（4）配送强调时效性。配送方应按照双方的约定，在指定的时间和地点完成货物交付。

知识之窗

配送与运输的区别

从表面上看，配送与运输都属于货物输送的范畴，但两者存在明显的区别，具体如表 6-1 所示。

表 6-1　配送与运输的区别

项目	配送	运输
运输距离	多为短距离支线运输，通常在同一地区或同一城市内进行，活动范围较小	多为长距离干线运输，通常在不同地区间、不同城市间甚至不同国家间进行，活动范围较大
运输对象	通常是小批量、多品种的货物	通常是大批量、少品种的货物
运输工具	多采用短途运输工具，如快递专用电动三轮车、无人配送车等	多采用长途运输工具，如货车、火车、船舶、飞机、管道等
运输方式	多为公路运输	公路运输、铁路运输、水路运输、航空运输、管道运输
评价标准	服务质量为主	运输效率为主
功能	集运输、仓储、包装、装卸搬运、流通加工于一体	单一

（二）配送的分类

1. 按配送时间和数量划分

按配送时间和数量划分，配送可分为定时配送、定量配送、定时定量配送、定时定线路配送和即时配送。

（1）定时配送是指按照规定的时间或时间间隔将货物送达的配送，如每天 7 点配送、每隔 5 天配送一次等。这种配送由于时间固定，既有利于配送方制订配送计划，也有利于客户安排接货工作。

（2）定量配送是指按照规定的数量在指定的时间范围内将货物送达的配送。对于配送方而言，每次配送的货物数量固定，因而便于备货；对于客户而言，每次接收的货物数量固定，因而便于提前安排人力和物力。

（3）定时定量配送是指按照规定的时间和数量将货物送达的配送。这种配送兼有定时配送和定量配送的优点，但在实际操作中难度较大、成本较高。

（4）定时定线路配送是指根据规定的运行线路制订运行时间表，并按照运行时间表将货物送达的配送。这种配送有利于配送方安排配送设备和配送员，但对配送计划的准确性要求较高，而且只适用于客户集中的地区。

（5）即时配送是指立即响应客户突然提出的服务需求，并且在短时间内将货物送达的配送。这种配送具有配送时间短、服务质量高、灵活性强的特点，主要适用于配送客户急需的货物，如药品、鲜花等。

2. 按经营形式划分

按经营形式划分，配送可分为销售配送、供应配送、销售—供应一体化配送和代存代供配送。

（1）销售配送是指为了增加销量和提高市场占有率而进行的促销型配送。这种配送以销售为目的，以配送为手段，配送对象不固定。大部分零售店采用这种配送方式。例如，为了使广大消费者能够随时随地购买餐品，某餐饮企业提供 24 小时送餐服务。

（2）供应配送是指为了满足经营需要而进行的配送。连锁零售店广泛采用这种配送方式。例如，中百仓储建立了配送中心，由配送中心集中大批量进货，然后向中百仓储旗下各超市门店进行配送，以满足它们的日常经营需要。

（3）销售—供应一体化配送是指在向需求基本稳定的客户销售货物的同时，还承担着送货职责的配送。这种配送有利于形成稳定的供求关系，保持货物流通渠道畅通。

（4）代存代供配送是指客户将属于自己的货物委托给物流企业代存、代供，并由物流企业组织送货的配送。采用这种配送方式时，货物所有权不发生变化，变化的只是货物的空间位置，同时，物流企业仅能获取代理收益，而不能获取销售货物的经营利润。

3. 按加工程度划分

按加工程度划分，配送可分为加工配送和集疏配送。

（1）加工配送是指与流通加工相结合的配送。采用这种配送方式时，配送方要在配送中心内设置流通加工点，能根据客户要求对货物进行流通加工后再送货上门。此时，配送方不仅能依靠配送服务获取收益，还能通过流通加工使货物增值来获取收益。

（2）集疏配送是指无须经过流通加工，一般与干线运输相结合的配送。这种配送只改变货物的组合数量而不改变货物的性质，适用于需要先集货后配送的情形。

4. 按专业化程度划分

按专业化程度划分，配送可分为综合配送和专业配送。

（1）综合配送是指将不同的货物汇集在一起进行配送。例如，美团外卖可为客户提供综合配送服务，向客户配送鲜花、水果、奶茶、药品、快餐等多种货物。采用这种配送方式时，客户只需与某一配送方联系，便可得到多项服务。但是，由于不同的货物在性质、形状、包装等方面存在较大区别，综合配送的组织难度较大。

（2）专业配送是指按货物的不同性质分别组织的配送。采用这种配送方式时，配送方可按货物的共同性质选择配送设备，制订合适的作业流程，从而大幅提高配送效率。这种配送适用于配送金属材料、化工产品（见图 6-2）、家电产品、生鲜产品等货物。

图 6-2　化工产品

课堂互动

冷链配送是指从配送节点到送达消费者的全程都处于配送货物所要求的温度下的配送。请问：冷链配送属于综合配送还是专业配送？

二、智慧配送的概念

智慧配送是指以物联网技术、云计算技术、大数据技术、AI 技术等先进信息技术为支撑，由智慧配送系统根据配送的要求制订最佳配送方案，再由智慧配送设备将货物送达指定地点，在配送环节实现系统感知、全面分析、及时处理和自我调整等的配送活动。发展智慧配送是适应柔性制造、促进消费升级、实现精准营销、推动电子商务发展的重要支撑，也是当前物流业发展的重要趋势之一。

释疑解惑

柔性制造是一种能够针对产品、工艺或设备的动态变化，进行快速、灵活配置的生产模式，主要具有以下内涵：

（1）生产能力柔性化，即机器设备具有小批量生产能力。

（2）供应链具有敏捷和精准的反应能力，从传统的“以产定销”转变成“以销定产”。

三、智慧配送的特点

（一）自动化

智慧配送的自动化特点主要体现在以下几个方面：

（1）订单处理自动化。在智慧配送活动中，企业可以自动接收、处理与分析订单数据，根据预设的规则对订单进行自动分类、排序和分配，从而大幅提高订单处理的效率和准确性。

（2）线路规划自动化。在智慧配送活动中，企业可以借助先进的AI技术和大数据技术，充分考虑交通状况、时间限制、货物数量等多种因素，自动规划最优配送线路，从而高效、顺畅地完成配送作业。

（3）作业自动化。在智慧配送活动中，企业可以借助各种自动化设备，实现配送作业自动化，如自动分拣、无人配送等。

（4）资源调度自动化。在智慧配送活动中，企业可以利用智慧配送信息平台实时监控配送员和配送设备的位置与状态、订单情况等，并自动进行配送资源调度，从而实现配送资源利用率最大化。

（5）库存管理自动化。在智慧配送活动中，企业可以借助大数据技术，实时更新与分析订单数据，实现对库存情况的自动监控，确保库存量始终保持在合理水平。

（6）客户服务自动化。在智慧配送活动中，企业可以利用智慧配送信息平台自动向客户发送订单状态信息，从而增强客户体验。

典型案例

丰巢探索全链条无人配送服务场景

2023年，深圳市丰巢科技有限公司（以下简称“丰巢”）推出了无人机接驳柜（见图6-3），标志着丰巢将无人配送的应用场景从路面扩展到了天空。

图 6-3　无人机接驳柜

在无人机接驳柜与无人机协作的过程中，当载有货物的无人机抵达接驳柜上方时，接驳柜借助智能感知技术，自动开启顶罩装置，并向无人机发送降落指令，随后无人机自动下降并定位校准，与接驳柜实现无缝对接，完成快件自主投递。

无人机接驳柜可以对接多种无人机机型，设有 19 个货箱位，货物吞吐量较大，支持无人机高频次自动起降，可以实现 24 小时不间断服务。无人机接驳柜与无人机进行协作，既能大幅缩短配送时间，又能合理利用低空资源，有效减轻地面交通负担。

除了无人机接驳柜外，丰巢还研发了楼宇室内配送机器人、无人配送车等智慧配送设备和无人配送运营管理平台等软件系统，搭建起一套完整、高效的无人配送服务体系，打通了无人配送全流程，实现了货物从中转场到柜、从柜到车、从车到人的精准配送。

丰巢为所有客户描绘了一个充满科技感的未来配送场景：在末端配送过程中，货物从中转场出发，通过无人机配送到无人机接驳柜，经过自动分拣后，通过无人配送车载运至机器人接驳柜，然后通过楼宇室内配送机器人送达客户。整个配送过程智能、高效，而且彻底摆脱了对人工的依赖。

（资料来源：王星，《丰巢无人配送智能产品又添一军，实现 24 小时自动化配送》，企业观察网，2023 年 11 月 7 日）

（二）智能化

智慧配送的智能化特点主要体现在以下两个方面：

（1）智能决策。在智慧配送活动中，企业可以借助云计算技术、大数据技术和 AI 技术等，对各种配送数据进行深度挖掘，预测未来的配送需求、交通状况等，为制订更加科学、合理的配送决策提供支持。

（2）自主学习。智慧配送系统具备自主学习能力。一方面，智慧配送系统通过分析各种配送数据，可以不断优化自身的决策算法和决策模型，提高配送的效率和准确性；另一方面，智慧配送系统可以根据客户的反馈，自主调整服务策略，提高客户满意度。

（三）可视化

智慧配送的可视化特点主要体现在以下两个方面：

（1）在智慧配送活动中，企业可以借助计算机图形学和图像处理技术，将货物位置、配送设备状态、配送线路、配送进度、预计到达时间等信息以图形、视频等形式在智慧配送信息平台上展示出来，便于相关人员直观地了解配送信息。

（2）在智慧配送活动中，企业可以利用数据分析工具对各种配送数据进行深度分析与挖掘，然后将分析结果以图表、视频等形式展示出来，便于管理人员开展配送管理工作。

（四）柔性化

智慧配送的柔性化特点主要体现在以下两个方面：

（1）在智慧配送活动中，企业始终以客户为中心，在深入了解客户需求和偏好后，可以为客户量身定制配送方案，满足客户的多样化和个性化需求。

（2）在智慧配送活动中，企业可以借助各种先进的技术，实时采集与分析各种配送数据，并根据分析结果及时调整智慧配送系统的功能模块，以应对各种变化（包括客户需求变化、市场环境变化、配送过程中的突发情况等）。

任务实施

开展配送知识竞赛

实施步骤：

（1）全班学生推选出 1 名主持人和 3 名记分员，由他们分别负责活动主持工作和记分工作。剩余的学生自由分组，每组 4～6 人，并选出 1 名小组长。

（2）小组长组织小组成员搜集相关资料，准备 10 道与本任务所讲知识相关的判断题及其答案。

（3）各小组将准备好的题目交给主持人，主持人在课堂上一一展示这些题目，由其他小组抢答。每道题的答题时间为 30 秒，答对 1 题得 1 分，答错或答题超时扣 1 分。

（4）记分员记录各小组的得分，得分最高的小组为本次竞赛的冠军。

（5）教师对各小组的表现进行点评。

任务二 熟悉智慧配送设施设备

任务导入

无锡首批 25 辆无人配送车正式上路

2023 年 9 月，无锡首批 25 辆无人配送车正式上路，承担从快递服务网点至收派区域的配送工作。图 6-4 为行驶在无锡街头的无人配送车。

图 6-4 行驶在无锡街头的无人配送车

该无人配送车看起来不大，但其内部的装载空间可达 3 立方米，容量相当于两辆快递专用电动三轮车，最大载重量可达 1 吨，续航里程为 200 千米，可提供 24 小时不间断配送服务。

在正常行驶时，该无人配送车会进行语音播报，提醒周围的行人注意避让。需要调头时，该无人配送车会通过车顶和车辆侧面的监控感应系统检测周围环境，并播报语音提示。若识别到车身周围有障碍物或行人，该无人配送车会自动减速或停止，等障碍物消失或行人通过后，才会以正常速度继续行驶。

此外，该无人配送车配有远程控制系统，有专门的远程监控人员监控车辆的运行情况。如果车辆发生故障或者受困，远程监控人员会立即联系附近的网格安全员。网格安全员接到通知后，会立即赶到无人配送车的位置进行处理。

无锡首批 25 辆无人配送车正式上路

问题：

（1）无人配送车具有哪些功能？

（2）除了无人配送车外，还有哪些智慧配送设备？

一、智慧配送中心

智慧配送中心（见图6-5）是指具有完善的配送基础设施、先进的智慧物流设备（如自动分拣机、AGV、无人配送车等）和发达的信息网络，可便捷地连接对外交通运输网络，并向末端客户提供短距离、小批量、多批次智慧配送服务的专业化配送场所。一般而言，智慧配送中心设有自动分拣区、自动装载区、智慧配送设备停放区、设备充电区等。

图6-5　智慧配送中心

（一）智慧配送中心的分类

1．按经营主体划分

按经营主体划分，智慧配送中心可分为生产企业主导型智慧配送中心、批发企业主导型智慧配送中心、零售企业主导型智慧配送中心和物流企业主导型智慧配送中心等。

（1）生产企业主导型智慧配送中心是指生产企业为满足本企业的销售需要而建立的智慧配送中心。一般而言，这种智慧配送中心只能为零售企业或批发企业配送某一家生产企业的货物，难以满足零售企业或批发企业对多家生产企业货物的配送需要，是一种社会化程度较低的智慧配送中心。

（2）批发企业主导型智慧配送中心是指批发企业为实现货物的汇集和再销售而建立的智慧配送中心。例如，绥阳农产品智慧配送中心先大批量收购县域坝区内种植的时令蔬菜，然后将这些蔬菜配送给县域内的学校、政府单位、大型厂矿企业的食堂。这种智慧配送中心一方面可使批发企业通过集中进货获得规模效益，降低进货成本；另一方面可使批发企业实现多品种一次送货，充分满足零售企业的需要。

（3）零售企业主导型智慧配送中心是指零售企业所建立的智慧配送中心。这种智慧配送中心可集中储存货物，然后向零售企业旗下各零售店送货，有利于及时满足各零售店的销售需要。

（4）物流企业主导型智慧配送中心是指物流企业为向客户提供配送服务而建立的智

慧配送中心。这种智慧配送中心具有较强的配送能力，可按照客户的要求迅速将货物送达指定地点，且智慧配送设施设备利用率高，配送成本低，是一种社会化程度较高的智慧配送中心。

2. 按辐射范围划分

按辐射范围划分，智慧配送中心可分为区域智慧配送中心和城市智慧配送中心。

（1）区域智慧配送中心是指为某一区域范围内的客户提供配送服务的智慧配送中心。例如，某物流企业建立的华中智慧配送中心可辐射河南省、湖北省和湖南省。这种智慧配送中心辐射范围大，储存、吞吐货物的能力强，可向下游配送中心提供专业、统一的智慧配送服务。

（2）城市智慧配送中心是指在某一城市范围内，为众多客户提供“门到门”配送服务的智慧配送中心。例如，某大型连锁超市在北京市建立了生鲜智慧配送中心，可为其旗下位于北京市的各超市门店提供生鲜配送服务。这种智慧配送中心辐射范围较小，储存、吞吐货物的能力较弱，服务对象多为某一城市范围内的生产企业、零售企业或消费者。

3. 按归属划分

按归属划分，智慧配送中心可分为自有型智慧配送中心、合作型智慧配送中心和公共型智慧配送中心。

（1）自有型智慧配送中心是指所有智慧配送设施设备归一家企业或企业集团所有，并且只为这家企业或企业集团的各子公司提供配送服务的智慧配送中心。这种智慧配送中心属于企业或企业集团的组成部分，通常不对外提供配送服务。

（2）合作型智慧配送中心是指由几家企业合作建立并共同管理的智慧配送中心，如京东集团与中国地利集团联合打造的京地达智慧综合性生鲜配送中心。这种智慧配送中心多为区域智慧配送中心，辐射范围较广。

（3）公共型智慧配送中心是指可为所有客户提供配送服务的智慧配送中心，如物流企业建立的智慧配送中心。这种智慧配送中心以营利为目的，服务对象众多。

（二）智慧配送中心的功能

（1）采购功能。采购功能是智慧配送中心的首要功能。智慧配送中心能够根据市场供求情况，制订并及时调整采购计划，合理采购货物。

（2）集货功能。集货功能是智慧配送中心的基础功能，是智慧配送中心获得规模优势的基本前提。智慧配送中心能够凭借其特殊的地位和各种先进的智慧物流设备，高效集中各供应商的货物，以便进行后续的分拣、组配、配载、送货等作业。

（3）储存功能。智慧配送中心能够借助现代化的仓储设施设备，储存一定数量的货物，保证货物的有效供应，从而更好地发挥保障生产和满足消费需求的作用。

（4）分拣与组配功能。分拣与组配功能是智慧配送中心的必要功能。智慧配送中心能够借助各种先进的智慧物流技术和智慧物流设备，按品种、规格、数量、质量、送达时间、送达地点等标准对货物进行自动分拣与组配，然后向不同客户配送，从而满足不同客户的需求。

（5）加工功能。智慧配送中心能够利用先进的加工设备，按一定标准自动加工货物，以满足客户的个性化需求。智慧配送中心开展加工业务不仅能够提高配送效率，扩大自身的业务范围，而且能够免去客户的烦琐劳动。

（6）送货功能。送货功能是智慧配送中心的末端功能，即按照客户对货物品种、规格、数量、送达时间、送达地点等的要求，将货物送达。

（7）信息处理功能。智慧配送中心拥有完善的管理信息系统，能够对作业信息进行实时采集、分析和传递，为确定配送决策和控制配送过程提供依据。

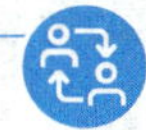
课堂互动

请判断以下情形分别体现了智慧配送中心的哪种功能：

（1）A 智慧配送中心利用全自动切割机将钢板切割成标准尺寸。

（2）B 智慧配送中心利用无人配送车将数十个快件送至某小区的住户手中。

（3）C 智慧配送中心根据 X 超市、Y 超市、Z 超市的要求分别购进 100 千克鲜猪肉、200 千克苹果、100 千克大白菜。

二、智慧配送信息平台

智慧配送信息平台是智慧配送系统的核心，一般具有订单智能管理模块、配送线路智能规划模块、配送设备智能管理模块、配送员智能管理模块和售后服务智能管理模块等功能模块。

（一）订单智能管理模块

订单智能管理模块主要具有以下功能：① 自动接收客户订单，为客户提供便捷的在线预订服务；② 实时监控客户订单的状态，为客户提供订单实时跟踪服务，便于客户随时查询配送进度。

（二）配送线路智能规划模块

配送线路智能规划模块主要具有以下功能：① 根据配送距离、配送时间等因素，智能规划最优配送线路；② 根据实时交通状况，自主调整配送线路，避开拥堵路段，缩短配送时间。

（三）配送设备智能管理模块

配送设备智能管理模块主要具有以下功能：① 根据客户订单信息和配送线路，智能调度配送设备，确保配送设备利用率最大化；② 实时监测配送设备的位置与状态，避免

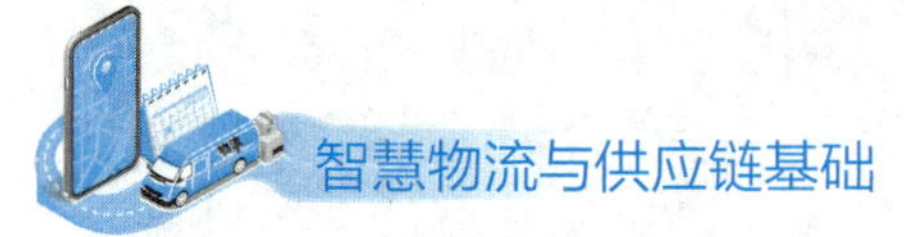

设备故障或交通拥堵导致延迟送达。

（四）配送员智能管理模块

配送员智能管理模块主要具有以下功能：① 根据客户订单信息和配送线路，智能调度配送员，确保配送服务的及时性；② 实时监测配送员的位置与状态，确保配送服务的可靠性；③ 深入分析配送员的工作数据，并根据分析结果进行绩效评价、制订培训计划，以提高配送员的业务水平。

（五）售后服务智能管理模块

售后服务智能管理模块主要具有以下功能：① 根据客户订单信息和客户评价，智能识别售后服务需求；② 实时监测售后服务进度，确保问题得到及时处理；③ 深入分析售后服务数据，优化售后服务流程，提高售后服务质量。

三、智慧配送设备

（一）智能快件箱

智能快件箱（见图 6-6）是指设立在公共场合，可供物流企业投递和用户提取快件的自助服务设备。智能快件箱主要由格口箱、控制柜和信息系统三部分组成。

图 6-6　智能快件箱

利用智能快件箱投取件的流程如下：

（1）配送员在控制柜上输入或扫描快件编号，然后输入收件人的手机号码等信息。

（2）智能快件箱自动打开格口门，配送员将快件投放到格口中并关闭格口门。

（3）智能快件箱的信息系统向收件人发送取件通知。

（4）收件人凭借取件通知，在控制柜上输入验证信息后，快件所在格口的格口门会自动打开。

（5）收件人取走快件并关闭格口门。

（二）无人配送车

无人配送车的配送流程

无人配送车的运行原理是车辆通过车载传感系统感知周围环境，依靠车内的智能驾驶仪来实现无人驾驶，并自动到达预定的目的地。无人配送车主要具有自动行驶功能、人机交互功能和自检功能。

1．自动行驶功能

无人配送车的自动行驶功能主要体现在以下几个方面：

（1）识别与响应交通标志和标线。无人配送车在有交通标志（如限速标志、停止标志、禁止左转/右转标志等）和标线（如人行横道、机非分界线等）的道路上行驶时，能够正确识别交通标志和标线，并按照其要求行驶。

（2）识别与响应交通信号灯。无人配送车在有交通信号灯的路口行驶时，能够正确识别交通信号灯，并按照其要求行驶。

（3）识别与响应静态障碍物。无人配送车能够正确识别周围环境中的静态障碍物，并自动避让静态障碍物。

（4）识别与响应动态障碍物。无人配送车能够正确识别周围环境中的动态障碍物，预测动态障碍物的行进线路，并自动避让或提醒。

（5）自动起步/停车。无人配送车能够根据道路状况与业务要求自动起步；在沿着规划好的配送线路行驶的途中，能够实现靠边停车。

（6）自动调头。无人配送车能够在交通状况和交通规则允许调头的路段或路口自动调头。

（7）自动紧急制动。无人配送车面临碰撞危险时，能够自动紧急制动，避免碰撞事故发生。

（8）自动倒车。无人配送车能够在交通状况和交通规则允许倒车的路段或路口自动倒车。

（9）具有网联行驶功能。无人配送车在具备网联基础设施的区域行驶时，能够与其他车辆、人、道路基础设施等交通参与要素进行信息交互，实现自动行驶。

2．人机交互功能

无人配送车的人机交互功能主要体现在以下几个方面：

（1）自动语音提示。无人配送车在以下情形中，能够自动播报提示音：① 进行货物装车作业时；② 起步时；③ 行驶过程中遇到危险状况时；④ 厢体未关闭时；⑤ 超过最大载重量时。

（2）自动发送信息。无人配送车出发时能够向收货人发送准备收货的提醒信息；到达预定的目的地时，能够向收货人发送取货信息，信息中包含取货码、等待取货时间、取货位置等内容。

（3）远程控制。无人配送车具有远程控制功能，远程监控人员能够在后台获得车辆的控制权限并操控车辆行驶。

3. 自检功能

无人配送车具有自检功能，能够在启动前自动进行系统异常检查、传感器异常检查，发现异常情况时会发出警报。

课堂互动

你体验过无人配送车提供的配送服务吗？你觉得无人配送车给人们的生活带来了哪些变化？

（三）无人机

无人机是指由动力驱动、无人驾驶、通过无线电遥控和自动控制飞行、可重复使用的航空器。它通常由机体、动力装置、机载飞行控制系统、任务载荷等组成。

1. 无人机的优缺点

1）优点

（1）可进行直线配送，缩短配送路程。无人机在空中飞行，不受地形和地面障碍物影响，因而可以采用近乎直线的飞行线路，缩短配送路程。

（2）飞行速度快，配送效率高。无人机飞行速度快，且可以直线飞行，因此其配送效率较高。

（3）有利于降低运营成本。以无人机配送代替人工配送，可节省大量人工成本；同时，无人机还可与智慧物流系统对接，实现智慧配送，从而降低物流整体运营成本。

（4）服务范围广，可达性强。无人机不受地面交通条件限制，可飞越峡谷（见图6-7）、河流、湖泊等，服务范围广，可达性强。

图6-7　飞越峡谷的无人机

2）缺点

（1）设备自身有缺陷。一方面，无人机体积较小，载重量有限，对所配送货物的体积和重量都有限制；另一方面，无人机续航时间和飞行距离有限，难以完成长时间、长距离的配送任务。

（2）具有一定安全隐患。无人机在配送过程中，易受天气变化、设备故障、信号干扰等影响而发生飞行事故，导致货物、设备坠毁等。

（3）对飞行环境有一定要求。无人机只有在起飞和降落区域空旷、飞行空间开阔、天气状况良好等条件下，才能顺利飞行。

2．无人机的作业要求

为了确保无人机配送作业安全，提高无人机配送质量和配送效率，承运人应确保无人机满足一定的作业要求，具体包括以下几个方面的内容。

1）货物装载要求

（1）对货物进行检查，确认货物外包装是否完整，是否需要采取防护措施。

（2）在货物原有包装的基础上，对货物采取减震和防摔措施，并将货物牢固固定在无人机上，确保货物在配送过程中的安全。

（3）按照无人机的重量与平衡限制要求进行货物配载，确保无人机的载重量在其重量和平衡限制范围内。

2）飞行检查要求

（1）航前检查：检查无人机的结构系统、动力系统、航电系统、载荷系统等，确保无人机状态良好。

（2）气象检查：检查起飞点、降落点和航线的天气状况是否满足无人机飞行标准，确保天气状况适合执行飞行任务。

（3）配载检查：检查无人机的负载是否满足无人机的重量和平衡限制要求。

（4）信息核对：在无人机起飞前 10 分钟完成货物和配送信息核对。

3）飞行送货要求

（1）由无人机驾驶员或控制站向无人机发出飞行任务指令，指示无人机飞行至指定位置。在飞行过程中，对无人机的飞行速度、飞行高度、飞行姿态、能源状态以及航线天气状况等进行实时监控，确保飞行安全。

（2）在无人机起飞后 10 分钟内将所配送货物的信息传递至管理信息系统，并将物流信息同步推送给收货人。

（3）若在飞行过程中发生无人机无法按正常程序操作、无法继续执行飞行任务，应按应急预案处理。

4）货物交付要求

（1）在无人机飞行至指定位置后进行货物交付。

释疑解惑

采用无人机配送时，货物交付方式包括以下三种：

（1）无人机将货物送至指定的起降控制场，起降控制场的接收人员接收货物，然后采用通知收货人自提、送货上门等方式将货物交付给收货人。

（2）无人机将货物直接交付给收货人。

（3）无人机将货物送至无人机接驳柜、智能快件箱等，收货人根据取货信息自提。

（2）在完成货物交付后，应及时更新该货物的物流信息，同时通知托运人。

科技之光

某科技公司自主研发的配送用无人机

某科技公司针对各种特殊场景（如医疗配送、应急救援等）下的末端配送问题，研发出多款满足不同需求的无人机机型，包括 H4 四旋翼无人机、魔鬼鱼 40 无人机、方舟 40 无人机等。

H4 四旋翼无人机主要用于快件投递、生鲜农产品配送、医疗紧急物资配送等。这款无人机轻便、灵活，适用于短距离的末端配送。

魔鬼鱼 40 无人机（见图 6-8）采用多旋翼和固定翼混合设计。这款无人机结合了多旋翼无人机不依赖跑道起降和固定翼无人机巡航飞行效率高的优点，加上具有较强的续航能力，既适用于中长距离的末端配送，也适用于高原、山区和海岛等地形复杂地区的货物配送。

方舟 40 无人机（见图 6-9）采用八旋翼设计，具备多冗余度导航系统、飞控系统、动力系统、电源系统、紧急迫降系统，可靠性和安全性较高。这款无人机拥有超过 60 升的大容积货仓，适用于中短距离的末端配送。

图 6-8　魔鬼鱼 40 无人机

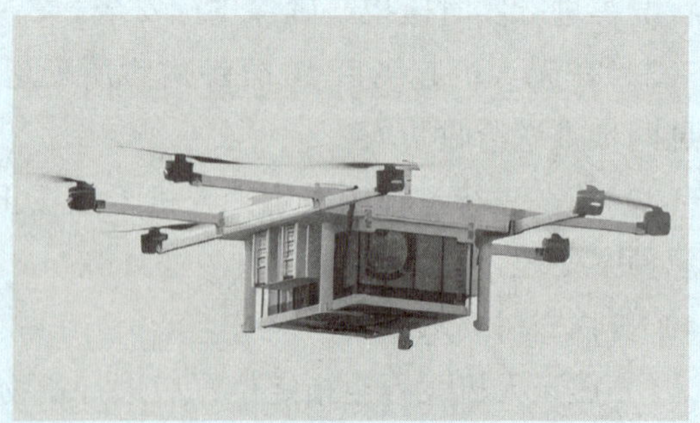

图 6-9　方舟 40 无人机

介绍智慧配送设施设备

实施步骤：

（1）全班学生自由分组，每组 4～6 人，并选出 1 名小组长。

（2）各小组以某种智慧配送设施设备（不限于本项目中已介绍过的设施设备）为介绍对象，搜集与该智慧设施设备相关的图文、视频资料。

（3）各小组对搜集到的资料进行整理和分析，提取其中的关键信息（如类型、组成、功能、优缺点、作业流程、操作方法等），并探讨该智慧设施设备的应用前景。

（4）小组长记录和整理分析结果，并组织小组成员制作 PPT。

（5）小组长上台展示 PPT，其他小组发表看法，教师进行点评。

1. 填空题

（1）______________是指立即响应客户突然提出的服务需求，并且在短时间内将货物送达的配送。

（2）____________________是指在某一城市范围内，为众多客户提供“门到门”配送服务的智慧配送中心。

（3）按归属划分，智慧配送中心可分为自有型智慧配送中心、__________________和__________________。

（4）______________是指设立在公共场合，可供物流企业投递和用户提取快件的自助服务设备。

2. 单选题

（1）（　　）有利于配送方安排配送设备和配送员，但对配送计划的准确性要求较高，而且只适用于客户集中的地区。

A. 定时配送　　B. 定量配送

C. 定时定量配送　　D. 定时定线路配送

（2）（　　）是指客户将属于自己的货物委托给物流企业代存、代供，并由物流企业组织送货的配送。

A. 代存代供配送　　B. 销售配送

C. 供应配送　　D. 销售—供应一体化配送

（3）（　　）只改变货物的组合数量而不改变货物的性质，适用于需要先集货后配送的情形。

A．加工配送　　B．集疏配送

C．定时配送　　D．专业配送

（4）（　　）功能是智慧配送中心的末端功能。

A．采购　　B．送货

C．分拣与组配　　D．加工

（5）以下选项中，（　　）不属于无人机的优点。

A．有利于降低运营成本

B．可进行直线配送，缩短配送路程

C．对飞行环境要求较低

D．服务范围广，可达性强

3．判断题

（1）配送应以承运人要求为出发点。（　　）

（2）采用综合配送方式时，客户只需与某一配送方联系便可得到多项服务。（　　）

（3）智慧配送信息平台一般具有订单智能管理模块、配送线路智能规划模块、配送设备智能管理模块、配送员智能管理模块和售后服务智能管理模块等功能模块。（　　）

（4）无人配送车一般不可远程控制。（　　）

（5）承运人应按照无人机的重量与平衡限制要求进行货物配载，确保无人机的载重量在其重量和平衡限制范围内。（　　）

4．简答题

（1）简述配送的内涵。

（2）简述智慧配送的特点。

（3）简述利用智能快件箱投取件的流程。

（4）简述无人机的缺点。

请进行学习成果评价，并将评价结果填入表 6-2 中。

表 6-2 学习成果评价表

评价项目	评价内容	分值	评价分数	
			自评	师评
知识（40%）	配送的概念和分类	9		
	智慧配送的概念和特点	6		
	智慧配送中心的分类和功能	7		
	智慧配送信息平台的功能模块	9		
	智慧配送设备的相关知识	9		
技能（40%）	能够正确区分不同类型的配送和配送中心	20		
	能够简要介绍各种智慧配送设备的功能、作业流程、作业要求等	20		
素养（20%）	乐于学习，勤于学习，善于学习	5		
	具备团队精神，积极与人合作	5		
	严谨细致，精益求精	5		
	树立创新意识，挖掘创新潜能	5		
合计		100		
总评（自评×40%+师评×60%）			教师签名：	

项目七 智慧供应链概述

项目导读

在当今这个日新月异的智能化时代，智慧供应链不再仅仅停留在概念层面，而是演变成了驱动社会经济发展的关键力量。智慧供应链有机融合了物联网技术、大数据技术、AI技术等前沿技术与现代供应链管理理论，实现了各成员企业之间的紧密协同，成为企业在复杂多变的市场环境中稳定前行的核心引擎。探索并加强智慧供应链管理，已成为各行各业转型升级、寻求未来增长新动力的重要途径。

知识目标

✓ 了解供应链的概念、特点和分类。

✓ 理解智慧供应链的概念和特点。

✓ 了解智慧供应链管理的目标。

✓ 熟悉智慧供应链管理的核心理念和内容。

技能目标

✓ 能够正确区分不同类型的供应链。

✓ 能够按照智慧供应链管理的核心理念进行智慧供应链管理。

素质目标

✓ 深刻理解智慧供应链管理的系统理念，学会从整体出发思考和解决问题，增强一体化意识，坚持“一盘棋”思想，统筹推动智慧供应链建设。

✓ 学习“京东物流与某农产品企业共建高效供应链”这一案例，强化合作意识，促进互利共赢，实现共同发展。

任务一　认识智慧供应链

任务导入

SHEIN 构建智慧供应链体系，赋能柔性制造

全球快时尚电商平台 SHEIN 以创新的供应链战略引领了一场深度变革，重新定义了自身与合作工厂的关系。SHEIN 致力于构建一个平等、开放、互信的智慧供应链体系，打破传统供应链的边界，通过深度协作，推动合作工厂实现柔性制造与数字化转型，从而在全球快时尚产业中树立新标杆。

在 SHEIN 打造的智慧供应链体系中，各成员企业并非简单的上下游关系，而是通过智慧供应链管理平台紧密相连、高度协作的共同体。合作工厂可利用智慧供应链管理平台接收客户订单，并获得详尽的订单信息，还可在智慧供应链管理平台上实时监控和管理整个生产流程。

此外，对于市场反馈良好的产品，合作工厂可快速响应返单需求，SHEIN 则可根据合作工厂的产能利用状况在智慧供应链管理平台上精准分配生产任务，实现生产要素利用率最大化，从而有效减少资源浪费；对于市场反馈不佳的产品，SHEIN 可在智慧供应链管理平台上快速“叫停”合作工厂的生产，从而避免库存积压。

在 SHEIN 构建的智慧供应链体系中，合作工厂能够高效、快捷地调整生产线配置，及时响应市场需求变化，SHEIN 始终能够满足广大消费者对新颖、时尚、个性化的产品的需求，从而形成了 SHEIN 与合作工厂互利共赢的局面。

问题：

（1）什么是智慧供应链？智慧供应链具有哪些特点？

（2）智慧供应链具有哪些作用？

一、供应链概述

（一）供应链的概念

供应链的概念来源于彼得·德鲁克在 20 世纪 80 年代末提出的“经济链”，后经迈克尔·波特发展成为“价值链”，最终演变为“供应链”。

供应链是指在生产与流通过程中，围绕核心企业的核心产品或服务，由所涉及的供应商、制造商、分销商、零售商直到最终用户等形成的网链结构。供应链中的各企业都是该供应链中的一个节点，企业和企业之间形成的是供求关系。供应链的基本结构图如图 7-1 所示。

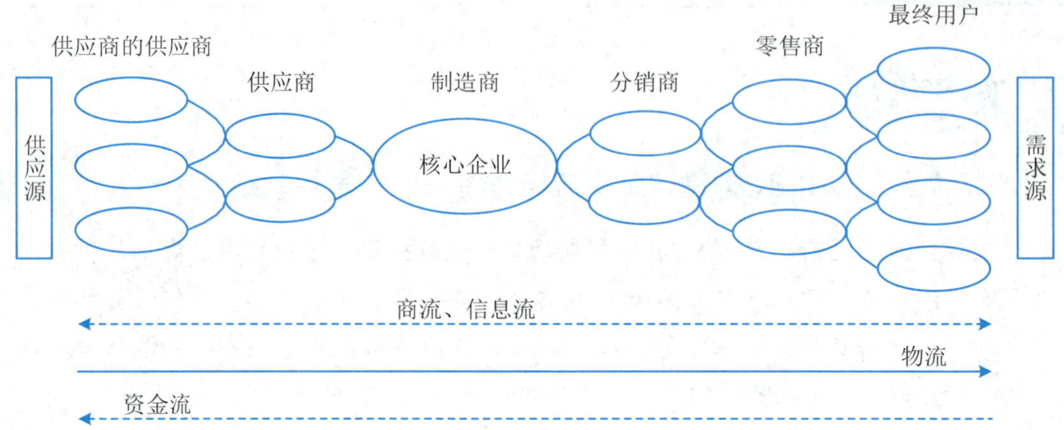

图 7-1 供应链的基本结构图

知识之窗

供应链中的“四流”

供应链中的“四流”分别是商流、信息流、物流和资金流。“四流”既独立存在，又相互作用、密不可分。

（1）商流。商流是指在商品流通过程中，随商品所有权转移而发生商品价值运动的经济活动。商流是信息流、物流和资金流的起点。

（2）信息流。信息流是指决策信息、监控信息、物流信息、交易信息、资金信息等在供应链中的双向流动。按流向划分，供应链中的信息流可分为需求信息流（从用户到供应商的信息流）和供应信息流（从供应商到用户的信息流）。

（3）物流。物流是实物从供应地向接收地进行流动的过程，贯穿整条供应链的始终。物流与供应链的关系具体如下：① 两者相互联系，物流是供应链的一部分；② 两者存在本质的区别，物流强调的是实物的流动过程，而供应链强调的是采购、生产、销售等环节的分工与合作。

（4）资金流。资金流是伴随供应链中的商务活动而发生的资金往来过程。物流是引发资金流的主要原因。在供应链中，资金流的流向与物流的流向相反，资金流是从供应链下游向上游流动的，物流是从供应链上游向下游流动的。

（二）供应链的特点

1. 结构复杂

供应链名为“链”，实为网状链式结构，是以核心企业为中心的双向树状结构所组成的网链系统，是跨越不同企业多个职能部门的活动的有序集合。此外，承担同一职能的企业可能有多个，而且可能来自不同国家和地区，在经营范围、主营业务、企业管理水平和信息化程度上有较大差别，使得供应链的结构更加复杂。

2. 需求驱动

一般而言，供应链是在客户需求的驱动下开始运作的：客户需求驱动制造商进行产品生产，产品生产需求驱动采购订单形成，采购订单驱动供应商进行原材料采购和零部件生产，从而使整条供应链运作起来。

3. 协同共赢

供应链成员企业以信息共享为基础，以提高供应链绩效为目标，以合作共赢、利益共享为原则，始终从全局出发，进行协同决策，从而实现供应链价值最大化。

4. 动态变化

供应链的动态变化主要体现为除了核心企业和部分重要成员企业外的其他成员企业的变化，即次要成员企业的变化。一般而言，核心企业与重要成员企业之间的供求关系较为稳定，为了适应市场环境的变化，确保供应链的高效性，核心企业需要不断调整次要成员企业的构成，协调自身与其他成员企业之间的关系。

5. 交叉重合

某家企业可能同时是两条或两条以上供应链中的成员，这使得不同供应链之间可能会交叉重合。这种交叉重合增强了供应链的连通性，但也加大了供应链管理的难度。

（三）供应链的分类

1. 按供应链的稳定程度划分

按供应链的稳定程度划分，供应链可分为稳定供应链和动态供应链。稳定供应链是基于单一、稳定的客户需求形成的供应链，供应链成员企业稳定，不会频繁变动。动态供应链是基于复杂、多变的客户需求形成的供应链，供应链成员企业稳定性较差，变动频率较高。在实际经营管理中，核心企业会根据客户需求的变化，及时调整供应链成员企业的构成。

2. 按供应链的生产能力与客户需求的关系划分

按供应链的生产能力与客户需求的关系划分，供应链可分为平衡供应链和非平衡供应链。每条供应链的生产能力在短期内是稳定的，但是客户需求处于不断变化的过程中。当供应链的生产能力恰好满足客户需求时，供应链处于平衡状态，此时的供应链就是平衡供应链，如图 7-2 所示。当客户需求变化加剧，造成供应链成本增加、浪费增加、库存增加时，供应链成员企业没有达到最优的运作状态，供应链的生产能力与客户需求不匹配，供应链处于不平衡状态，此时的供应链就是非平衡供应链，如图 7-3 所示。

图 7-2 平衡供应链　　图 7-3 非平衡供应链

3. 按供应链的功能划分

按供应链的功能划分，供应链可分为经济性供应链和反应性供应链。经济性供应链具有物理功能，能够以最低的成本将原材料转化为零部件、半成品、产品，以最低的成本进行运输活动等。反应性供应链具有市场中介功能，能够将产品分配到合适的市场中以满足客户需求，对不可预知的客户需求做出快速反应等。经济性供应链与反应性供应链的对比如表 7-1 所示。

表 7-1 经济性供应链与反应性供应链的对比

项目	经济性供应链	反应性供应链
基本目标	以最低的成本满足客户需求	尽可能快地对不可预知的客户需求做出反应，使缺货量、库存量最少
库存管理策略	为了实现利润最大化而使整条供应链的库存量最少	设置缓冲库存，以满足不可预知的客户需求
生产提前期	在不增加供应链成本的前提下，尽可能缩短生产提前期	大量投资，以缩短生产提前期
供应商标准产品的设计策略	以成本和质量为核心，使成本最低、质量最优	以生产速度、生产柔性、质量为核心，采用模块化设计，尽可能缩小标准产品的差别

4. 按供应链对客户需求的执行顺序划分

按供应链对客户需求的执行顺序划分，供应链可分为推动式供应链和拉动式供应链。推动式供应链以制造商为核心，制造商基于需求预测生产产品，即在客户订货前进行生产，在产品生产出来后，再考虑将其销售给不同的客户，客户处于被动接收的末端。拉动式供应链以客户需求驱动生产，制造商无须进行需求预测，仅根据客户订单进行生产。

课堂互动

A 企业是一家知名汽车生产企业，客户需求较稳定，而且与其供应商形成了长期合作伙伴关系。为了降低生产经营成本，充分满足客户需求，A 企业决定与其上下游企业共建供应链。A 企业与其供应商达成协议，约定在固定的日期，由供应商将原材料运送到 A 企业的生产线上，以便 A 企业及时进行生产。

随着客户的个性化需求越来越多，许多客户对汽车的车漆、内饰、音响等提出了新的要求。于是，A企业对供应链成员企业进行了调整，中止与个别供应商合作，并采取根据客户订单进行生产的策略，以实现定制化生产，并降低库存成本。

请问：

（1）按供应链的稳定程度划分，上述供应链属于哪种类型？

（2）按供应链的功能划分，上述供应链属于哪种类型？

（3）按供应链对客户需求的执行顺序划分，上述供应链属于哪种类型？

二、智慧供应链的概念

智慧供应链是指以客户需求为导向，依托新一代信息技术、现代供应链管理理论和自动化设备，优化供应链内部核心产品或服务的管理流程，协调供应链成员企业之间的供求关系，实现核心产品或服务生产、销售、库存控制、物流等全流程智能化、规范化、科学化、系统化管理的供应链模式。

智慧供应链通过实现供应链中商流、信息流、物流和资金流的无缝对接，能够削弱信息不对称的影响，从根本上提高供应链的运作效率。

释疑解惑

信息不对称是指由于相关利益各方针对同一事务所拥有的信息存在不同之处，导致利益各方在利益的产生、分配、控制和处置上存在严重失衡的现象。

知识之窗

智慧供应链与传统供应链的对比

智慧供应链与传统供应链的对比如表7-2所示。

表7-2　智慧供应链与传统供应链的对比

项目	智慧供应链	传统供应链
信息化水平	信息化水平较高，数据采集能力较强，数据处理速度较快，数据分析能力较强；信息传递速度较快，成员企业之间的信息共享程度较高	信息化水平较低，数据采集能力较弱，数据处理速度较慢，数据分析能力较弱；信息传递速度较慢，成员企业之间仍存在信息壁垒
供应链协同程度	供应链协同程度较高，资源整合程度较高，资源利用率较高，供应链系统更协调；供应链协同拓展到需求预测与生产计划制订工作中	供应链协同程度不高，资源整合程度较低，资源利用率较低；供应链协同未涉及需求预测与生产计划制订工作

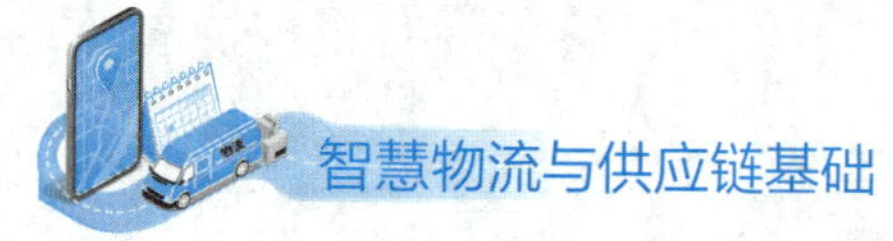

（续表）

项目	智慧供应链	传统供应链
运作模式	以拉动式供应链为主，主动响应客户需求，能够及时应对市场变化；先有订单后生产，库存周转天数大幅缩短	以推动式供应链为主，被动接受客户需求，无法及时应对市场变化；先生产后销售，容易出现滞销
组织管理特点	更注重战略规划与管理，重视技术创新	更注重提高供应链运作效率，未充分认识到技术创新的重要性

三、智慧供应链的特点

除了具有传统供应链的特点外，智慧供应链还具有以下特点。

物联网技术在智慧供应链中的应用

（一）技术渗透性强

一般而言，智慧供应链的运营者和管理者具有较强的技术敏感性和技术应用能力，善于通过多种方式在供应链中应用各种新兴技术（如利用智能算法对客户需求进行精准预测等），并依托技术创新实现管理变革。

（二）信息整合程度高

依托高度开放的智能化信息网络，智慧供应链可有效解决各成员企业的管理信息系统不统一的问题，从而方便整合各种相关信息，为实现信息共享奠定坚实的基础。

（三）可视化

智慧供应链的可视化特点主要体现在以下几个方面：

（1）数据可视化。在智慧供应链中，各种数据（如订单量、库存量等）都可以图片、表格等形式直观地展示出来，使得企业可清晰地了解供应链的运作状况，从而做出更加科学、合理的决策。

（2）流程可视化。在智慧供应链中，采购、生产、销售等环节都实现了数字化，使得企业可清晰地了解各环节的进展情况，便于企业开展后续工作。

（3）风险可视化。在智慧供应链中，企业可利用智能算法和预测模型对潜在的生产经营风险（如供应链中断、库存积压或库存不足等）进行识别，并借助可视化工具将这些风险以文字、图表、视频等形式直观地展示出来，以便于及时采取风险应对措施，降低这些风险对供应链的影响。

（四）协作性强

在智慧供应链中，信息的高度整合与共享，使得各成员企业可及时、有效地了解上下游企业的各种信息，并基于实际情况与上下游企业及时沟通，极大加强了各成员企业之间的协作性。

科技之光

美云智数供应链控制塔

美的集团子公司美云智数科技有限公司研发的美云智数供应链控制塔荣获“2021 中国供应链年度创新产品奖”。借助美云智数供应链控制塔，美的集团实现了计划、采购、生产、物流等多方面的协同管理和供应链的数字化转型升级。

美云智数供应链控制塔的应用，助力美的集团成功打造智慧供应链体系，大大提高了美的集团的供应链运作效率。美云智数供应链控制塔主要具有以下功能：

（1）以客户订单为线索，联通企业的各经营环节，实现对供应链全流程的可视化、透明化管理，使原材料采购信息、生产安排信息、客户订单信息等一目了然，便于企业快速响应市场变化，及时调整采购计划、生产计划等。

（2）利用上下游协同的业务预警机制，对正在发生或未发生的经营异常情况进行监控和预警，便于企业及时应对风险。

（3）围绕供应链中的业务系统，对供应链进行全面诊断，再结合业务变化，优化供应链的结构，并调整其功能。

（4）借助互联网，将订单信息共享给最终客户，使其能够随时了解订单情况，从而提高客户满意度。

任务实施

分析智慧供应链的优势

任务背景：

B 企业是一家大型电子产品销售企业，决定打造一个智慧供应链管理平台，期望通过该平台与零部件供应商、制造商、物流服务商等建立紧密的联系，从而构建一个高效、开放的智慧供应链体系。该平台具有以下功能：

（1）当客户通过 B 企业的线上商城订购电子产品时，该平台会自动将订单信息发送给零部件供应商和制造商，通知其准备好相应的零部件和电子产品。

（2）为 B 企业组装电子产品的制造商可以通过该平台登录 B 企业的订单管理系统，实时查询订单类型和订单数量等信息，为制订科学、合理的生产计划获取数据支持。

（3）负责电子产品的储存、运输与配送的物流服务商可以利用该平台实时共享的信息，实现对物流过程的可视化管理。

实施步骤：

（1）全班学生自由分组，每组 4～6 人，并选出 1 名小组长。

（2）小组长组织小组成员研读上述材料，并搜集相关资料，分析智慧供应链在优化采购计划、优化生产计划、提高生产效率和提高物流管理质量等方面的优势。

（3）小组长记录和整理分析结果，并组织小组成员制作 PPT。

（4）小组长上台展示 PPT，其他小组发表看法，教师进行点评。

任务二 认识智慧供应链管理

任务导入

X 电商平台联手 Y 家电企业，实现供应链深度协同

X 电商平台与 Y 家电企业达成战略合作伙伴关系，共同实施电子数据交换（EDI）深度协同项目。随着该项目的持续推进，X 电商平台与 Y 家电企业已逐步建立起深度协同型智慧供应链，大幅提高了供应链管理水平。

一方面，实施 EDI 深度协同项目有利于降低缺货风险。X 电商平台可将产品的历史销量、预测销量等数据实时传递给 Y 家电企业，介入 Y 家电企业的产品生产环节，指导其提前排产，从而降低缺货风险。

另一方面，实施 EDI 深度协同项目有利于提高生产计划的准确性和补货的及时性。X 电商平台可利用智能算法和预测模型对未来销量进行精准预测，为 Y 家电企业制订生产计划和备货计划提供有效参考。此外，X 电商平台可参考预测销量、备货周期、送货时长、安全库存等数据，自动计算出各地仓库的建议补货量，便于 Y 家电企业及时补货。

问题：

（1）什么是智慧供应链管理？

（2）智慧供应链管理的核心理念有哪些？上述案例中体现了哪种核心理念？

智慧供应链管理是指从智慧供应链整体目标出发，对智慧供应链中采购、生产、销售等环节中的商流、信息流、物流和资金流进行统一计划、组织、协调、控制的活动和过程。

一、智慧供应链管理的目标

（一）总成本最低

为了实现对智慧供应链的有效管理，管理人员必须将智慧供应链中的所有成员企业作为一个有机整体来考虑，使智慧供应链总成本（包括采购成本、库存成本、生产成本、运输成本、管理成本等）最低。

（二）质量最优

在激烈的市场竞争中，企业所提供的产品或服务的质量直接影响其市场份额和经营利润。若企业最终交付给客户的产品或服务存在质量缺陷，则企业不仅无法获得预期利润，还会出现亏损和客户流失现象。智慧供应链管理的目标之一，就是通过协调智慧供应链中的各成员企业，使其确保自己所负责的环节“零缺陷”，从而实现最终交付给客户的产品或服务质量最优。

（三）总库存量最少

根据传统的管理思想，企业持有一定量的库存是保证生产和销售的连续性、稳定性的必要措施。但是，根据准时制管理思想，库存是不确定性的产物，是资源配置效率低的表现，企业只有实现库存量最少化，才能够实现利益最大化。智慧供应链中的各成员企业应尽量提高资源配置效率，使供应链的总库存量达到最少。

（四）交付周期最短

智慧供应链中的核心企业必须对客户需求做出快速、有效的反应，最大限度地缩短从客户下单到产品或服务交付的时间，以提升客户体验，提高智慧供应链的市场竞争力。例如，一些电商平台与物流企业合作建立仓库，电商平台在接到客户订单后，直接将订单信息传递给离客户最近的仓库，仓库工作人员在清点产品后直接发出快递，从而实现产品“次日达”甚至“当日达”。

二、智慧供应链管理的核心理念

（一）系统理念

智慧供应链是一个系统，在统一管理和协调下，实现商流、信息流、物流和资金流的顺利流动，进而实现系统的增值。在进行智慧供应链管理时，企业应贯彻系统理念，不再孤立地看待各成员企业和各部门，而是考虑所有相关的参与者，并将整条智慧供应链看作一个有机联系的整体。

（二）整合理念

在进行智慧供应链管理时，企业应贯彻整合理念，对供应链流程、资源和信息进行全面、系统、高效的整合，以实现供应链的整体优化和协同运作。在流程整合方面，企业应通过流程再造和标准化，优化供应链运作流程，提高供应链的整体运作效率。在资源整合方面，企业应积极整合内外部资源，实现资源共享和优势互补，优化资源配置，

提高资源利用率。在信息整合方面，企业应建立统一的管理信息系统，为实现信息共享提供有力支持。

释疑解惑

流程再造是指对组织当前的运作和价值创造的程序、方法重新加以考虑和设计的组织变革措施。其特征是消减中层管理，最大限度地减少管理人员的数量，从而加快流程运作的速度，对环境变化做出快速反应，对客户需求做出快速响应。

（三）合作理念

智慧供应链管理的对象是一个企业群，其中的各企业都有各自的核心业务和核心竞争力。智慧供应链成员企业之间只有达成合作伙伴关系，并在合作中充分考虑彼此的利益和诉求，才能形成强大的合力，从而顺利实现智慧供应链管理的目标。

典型案例

京东物流与某农产品企业共建高效供应链

依托“千县万镇24小时达”计划，京东物流与某农产品企业共建高效供应链，为全国大部分市、县的消费者提供“当日达”或“次日达”高效物流服务，从而带动农产品销售线上化、快速化。

该农产品企业参与京东商城“618”活动后，销量大增。面对成倍增加的订单量，该农产品企业自建的物流体系已无法满足需求，于是该农产品企业选择入驻京东物流重庆秀山产地云仓（见图7-4），成为该仓库的第一批客户。

图7-4　京东物流重庆秀山产地云仓

京东物流利用各种智慧物流设施设备，帮助该农产品企业降低物流人工成本；应用AI技术、大数据技术等新兴技术，帮助该农产品企业实时监控库存量、诊断库存健康情况，并为其提供库存管理建议。此外，京东物流以该农产品企业的产品数据、历史销售数据、促销方式等信息为基础，构建多品类、多层次的预测模型，对产品销量进行精准预测，并利用先进的补货模型为该农产品企业提供补货建议，以提高补货精准度，帮助该农产品企业打造弹性供应链，使其能够充分满足突增的订单需求。

（四）协调理念

智慧供应链管理涉及对多家企业生产经营活动的管理。智慧供应链成员企业在生产经营过程中，必须按照智慧供应链的整体计划调整各自的生产计划，并做好与其他企业的业务对接工作。例如，汽车零部件供应商应根据汽车制造商的要求，按计划生产零部件，并将其准时运送给汽车制造商进行装配（见图 7-5），以保证汽车制造商按时完成整车装配工作。

图 7-5　汽车装配

此外，在决策方面，核心企业应根据市场变化情况，及时调整与上下游企业的合作模式，打破成员企业各自为政、分散决策的局面，使成员企业为实现整体利益最大化而共同努力。

（五）共享理念

在进行智慧供应链管理时，企业应贯彻共享理念，与智慧供应链中的其他成员企业共享利益和信息。

一方面，智慧供应链中的各成员企业之所以愿意在一个系统内共创价值，是因为它们认为该系统能够为其创造更多的利益。若智慧供应链成员企业无法享受到供应链带来的利益，它们就不会积极配合上下游企业，从而使整条供应链的运作效率和竞争力降低。另一方面，通过实时、充分共享信息，智慧供应链成员企业能够在第一时间获得客户需求信息，并据此及时调整采购计划、生产计划、销售计划等，从而有效满足客户需求。由此可见，贯彻共享理念是智慧供应链成员企业建立良好合作伙伴关系的前提，也是智慧供应链得以高效运作的必要条件。

（六）以客户为中心理念

只有在智慧供应链成员企业提供的产品或服务满足客户需求的情况下，整条智慧供应链才能产生利润。因此，在进行智慧供应链管理时，企业应贯彻以客户为中心理念，通过市场调研、客户访谈、销售数据分析等方式深入分析客户需求，并根据客户需求情况采用合适的智慧供应链管理策略，确保产品或服务能够满足客户的个性化需求。

课堂互动

C企业是某地一家大型食品加工企业，与当地许多果农签订了水果收购合同，计划制作水果罐头。由于C企业对当地水果的收购量超过了当地水果产量的60%，因此在水果智慧供应链中具有较大的话语权。

后来，为了降低原材料采购成本，C企业在与果农签订新合同时，要求按照实际加工耗用量计算水果收购款，水果收购款于收购日的次月月末结算，此外，水果在储存期间腐烂变质的成本由果农自行承担。

由于C企业的合同条款过于严苛，许多果农决定与相邻市县的另一家食品加工企业合作，导致C企业的水果智慧供应链中断。

请问：C企业在管理水果智慧供应链时违背了什么理念？

三、智慧供应链管理的内容

智慧供应链管理的内容主要包括计划管理、采购管理、生产管理、库存管理、物流管理、信息管理和风险管理，如图7-6所示。

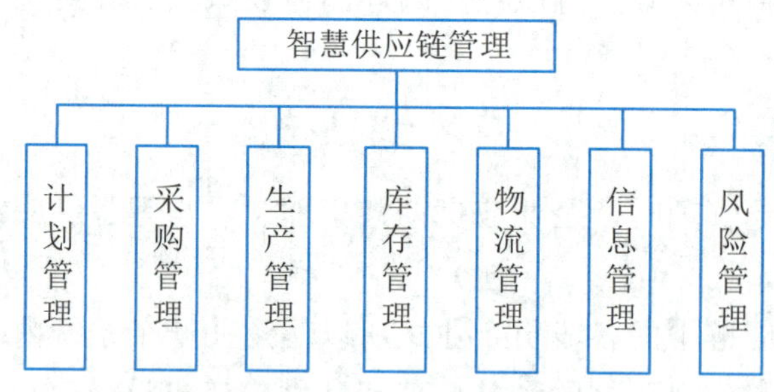

图7-6　智慧供应链管理的内容

（一）计划管理

计划管理包括需求预测，计划（包括采购计划、生产计划、库存计划、销售计划等）制订，计划调整等内容，是智慧供应链管理的策略性部分。在智慧供应链管理环境下，企业应积极应用信息技术及时、精准地获取和预测客户需求，从而为科学制订和动态优化采购计划、生产计划、库存计划、销售计划等提供数据支持。具体而言，企业应做好以下计划管理工作：

（1）应用移动互联网技术、物联网技术等信息技术，对市场变化数据、历史销售数据和售后服务数据等进行采集和处理，以形成可用于需求预测的数据池。

（2）利用智能算法和预测模型对客户需求进行精准预测，然后在与市场部门、销售部门、研发部门等相关部门充分沟通的基础上制订不同产品、不同时段、不同区域的科学的客户需求计划。

（3）根据客户需求计划，结合自身的生产能力和综合管理能力，应用信息技术或智慧供应链管理平台，自动形成科学的采购计划、生产计划、库存计划、销售计划等。

（4）对重点市场和客户需求计划进行实时跟踪与监测，以便实现对需求变化的及时获取、可视化呈现与统计分析，从而实现智慧供应链计划的动态调整与优化。

（二）采购管理

采购管理是指为保障企业正常的生产经营而对采购活动进行的计划、审核、优化、批准、实施等活动。高效的采购管理有利于提高智慧供应链的整体绩效。在智慧供应链管理环境下，企业应做好以下采购管理工作：

（1）构建专门的管理信息系统，以高效开展采购过程中的需求管理、合同管理、采购验收等工作。

（2）根据采购需求，充分应用信息技术对供应商进行科学评估，从而选择合适的供应商。

释疑解惑

采购需求是指采购企业为实现特定目标，拟采购的物料及其需要满足的技术要求和商务要求。其中，技术要求是指对物料的功能要求和质量要求，包括性能、材料、结构、外观等；商务要求是指取得物料的时间、地点、财务和服务要求，包括交货期、交货地点、付款条件、包装和运输方式、售后服务等。

（3）加强与供应商的合作伙伴关系，充分应用信息技术对供应商绩效进行科学管理，具体做好以下工作：① 确定供应商绩效评价方法、模型和软件工具，提高供应商数据统计分析能力；② 对供应商绩效统计分析结果进行可视化、移动化呈现，为对供应商进行筛选提供决策支持；③ 构建供应商数据监测平台，并与供应商进行管理信息系统集成。

（三）生产管理

生产管理是指对生产相关要素的管理。在智慧供应链管理环境下，企业应综合应用先进的信息技术、生产技术等开展生产过程可视化监控、产品质量全过程追溯、智能排产与生产调度等活动，全面提升生产计划的精准性、敏捷性和可靠性。具体而言，企业应做好以下生产管理工作：

（1）进行生产执行系统与计划、采购、物流等供应链业务的管理信息系统的对接与集成。

（2）综合应用物联网技术、RFID 技术、大数据技术等新兴技术开展产品质量全过程追溯与管控。

（3）将生产设备联网，实现生产数据自动采集，并利用现场终端（如电子看板，见图 7-7）、移动 App 等全方位、实时、可视化呈现生产情况。

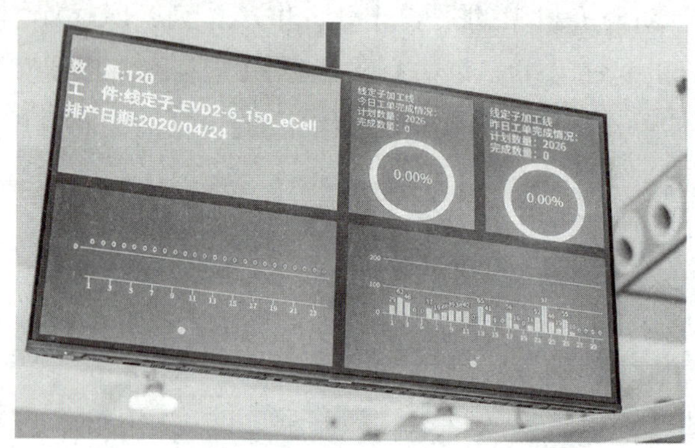

图 7-7　电子看板

释疑解惑

看板是指表示某道工序需要某种物料的时间和数量的卡片。

（4）根据生产计划构建排产模型，然后利用数字化工具制订科学、高效、可精准执行的生产调度方案。

（四）库存管理

库存管理是指对库存货物的种类、数量和库存成本等方面的管理。企业进行库存管理的目的是在满足生产需要和经营需要的前提下，使货物的库存量保持在合理水平，从而降低企业的生产成本和经营成本，提高市场竞争力。在智慧供应链管理环境下，企业应做好以下库存管理工作：

（1）建设先进的库存管理系统，实现库存智能化管理。

（2）应用物联网技术、RFID 技术等，实现对库存的实时监控与追踪，确保库存数据的实时性和准确性。

（3）利用 AI 技术分析库存数据，预测库存需求，从而制订合理的库存计划。

（4）采用科学合理的库存管理策略，加快智慧供应链响应客户需求的速度。

（五）物流管理

从日日顺物流中看智慧供应链管理下的物流管理

物流管理是指为实现既定目标，从物流全过程出发，对相关物流活动进行的计划、组织、协调与控制等活动。传统物流管理的目的主要是保证生产过程的连续性与稳定性，而在智慧供应链管理环境下，物流管理的目的还包括创造客户价值、降低客户成本、协调生产活动、提高服务质量、塑造品牌形象等。

企业应根据物流业务需求和订单交付需求打造智慧物流体系，保障物流活动安全、透明、高效运行，具体做好以下物流管理工作：

（1）提高对物流资源的需求感知与前瞻规划能力，动态、准确配置设施设备、人力等物流资源，合理规划物流网络与节点。

（2）应用 RFID 技术、数字信息编码技术、网络标识解析技术等开展货物数字化编码，实现物流信息的数字化采集、储存、传递和追溯。

（3）以需求预测和客户订单为依据，应用信息技术实时洞察智慧供应链的供应能力，科学设置安全库存。

（4）应用信息技术构建物流业务对象、业务规则以及价值传递流程的优化算法与模型，有序规划、编排、调度物流作业，实现收、存、拣、理、发、运、配等作业环节的高效调度与协同运作。

（5）基于物流业务需求，应用自动控制技术，使用自动化设备替代或辅助人工作业，实现物流作业自动化，提高物流效率。

（六）信息管理

信息管理是指对智慧供应链中的信息流进行管理。信息管理是确保信息在智慧供应链中有效传递与充分共享的基础。利用信息系统和信息工具实现信息传递与共享，可以使智慧供应链成员企业及时掌握客户需求信息和智慧供应链的整体运作情况，从而更好地制订采购计划、生产计划、库存计划和销售计划等。

（七）风险管理

风险管理是指对智慧供应链中存在的各种风险进行识别、分析和控制，从而以最低的成本保障供应链安全的管理活动。智慧供应链中的风险是客观、普遍存在的，它不只影响某家企业，还会传导给该企业的上下游企业，进而使整条供应链遭受损失。在智慧供应链管理环境下，企业应积极应用各种信息技术，有效降低供应链的不确定性，提高供应链的韧性，保证供应链运作的连续性，从而有效控制、降低甚至消除各类风险事件带来的影响和损失。

探讨智慧供应链管理的意义

实施步骤：

（1）全班学生自由分组，每组4～6人，并选出1名小组长。

（2）小组长组织小组成员上网搜集企业进行智慧供应链管理的案例和其他相关资料。

（3）各小组对搜集到的资料进行整理和分析，提取其中的关键信息，并围绕搜集到的案例探讨智慧供应链管理的意义。

（4）小组长记录和整理分析结果，并组织小组成员撰写分析报告。

（5）小组长提交分析报告，教师进行点评。

1. 填空题

（1）供应链是指在生产与流通过程中，围绕核心企业的核心产品或服务，由所涉及的____________、____________、____________、____________直到最终用户等形成的网链结构。

（2）当供应链的生产能力恰好满足客户需求时，供应链处于平衡状态，此时的供应链就是____________。

（3）按供应链的功能划分，供应链可分为____________和____________。

（4）__________________是指从智慧供应链整体目标出发，对智慧供应链中采购、生产、销售等环节中的商流、信息流、物流和资金流进行统一计划、组织、协调、控制的活动和过程。

2. 单选题

（1）（　　）具有以最低的成本满足客户需求、为了实现利润最大化而使整条供应链的库存量最少的特点。

A．经济性供应链　　B．反应性供应链

C．推动式供应链　　D．拉动式供应链

（2）（　　）以客户需求驱动生产，制造商无须进行需求预测，仅根据客户订单进行生产。

A．经济性供应链　　B．反应性供应链

C．推动式供应链　　D．拉动式供应链

（3）一些电商平台与物流企业合作建立仓库，电商平台在接到客户订单后，直接将订单信息传递给离客户最近的仓库，仓库工作人员在清点产品后直接发出快递。这体现的是智慧供应链管理的（　　）目标。

A．总成本最低　　B．质量最优

C．总库存量最少　　D．交付周期最短

（4）在进行智慧供应链管理时，企业应不再孤立地看待各成员企业和各部门，而是考虑所有相关的参与者，并将整条智慧供应链看作一个有机联系的整体。这体现的是智慧供应链管理的（　　）。

A．系统理念　　B．整合理念

C．合作理念　　D．协调理念

3．判断题

（1）供应链具有结构复杂、需求驱动、协同共赢、动态变化、交叉重合等特点。（　　）

（2）智慧供应链以客户需求为导向。（　　）

（3）贯彻以客户为中心理念是智慧供应链成员企业建立良好合作伙伴关系的前提，也是智慧供应链得以高效运作的必要条件。（　　）

（4）在智慧供应链管理环境下，物流管理的目的是保证生产过程的连续性与稳定性。（　　）

4．简答题

（1）简述智慧供应链的特点。

（2）简述智慧供应链管理的内容。

学习成果评价

请进行学习成果评价，并将评价结果填入表 7-3 中。

表 7-3　学习成果评价表

评价项目	评价内容	分值	评价分数	
			自评	师评
知识（40%）	供应链的概念、特点和分类	7		
	智慧供应链的概念和特点	9		
	智慧供应链管理的目标	8		
	智慧供应链管理的核心理念	8		
	智慧供应链管理的内容	8		
技能（40%）	能够正确区分不同类型的供应链	20		
	能够按照智慧供应链管理的核心理念进行智慧供应链管理	20		
素养（20%）	乐于学习，勤于学习，善于学习	5		
	具备团队精神，积极与人合作	5		
	严谨细致，精益求精	5		
	树立创新意识，挖掘创新潜能	5		
合计		100		
总评（自评×40%+师评×60%）			教师签名：	

项目八 智慧供应链合作伙伴

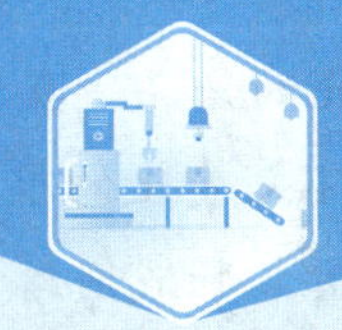

项目导读

选择合适的智慧供应链合作伙伴，并建立可靠的智慧供应链合作伙伴关系，是企业成功进行智慧供应链管理的先决条件，对企业降低运营成本、提高客户满意度、提升核心竞争力具有重要意义，是企业在日益激烈的市场竞争中保持竞争优势、实现可持续发展的关键所在。

知识目标

- ✓ 了解智慧供应链合作伙伴的分类。
- ✓ 熟悉选择智慧供应链合作伙伴的标准、方法和步骤。
- ✓ 理解智慧供应链合作伙伴关系的概念。
- ✓ 熟悉影响智慧供应链合作伙伴关系的因素。
- ✓ 了解智慧供应链合作伙伴关系中可能存在的问题。
- ✓ 熟悉改善智慧供应链合作伙伴关系的措施。

技能目标

- ✓ 能够正确选择智慧供应链合作伙伴。
- ✓ 能够采取合理措施改善智慧供应链合作伙伴关系。

素质目标

- ✓ 学习智慧供应链合作伙伴的选择标准，深刻理解标准对于做出正确决策的重要性，学会制订科学的标准，以标准引领组织实现高质量发展。
- ✓ 学习“M电商平台大力扶持原创商家”这一案例，明白众人拾柴火焰高的道理，培养合作精神和团队意识。

任务一 选择智慧供应链合作伙伴

任务导人

L 公司携手京东物流共创智慧供应链管理新篇章

L 公司凭借其独特的经营理念和高性价比的产品，在十余年间迅速发展壮大，成为湖南省零售行业龙头企业之一。为适应不断变化的市场环境，L 公司选择与京东物流成为合作伙伴，依托京东物流发达的智慧物流网络、先进的智慧物流设施设备和丰富的智慧供应链管理经验，进一步提高自身的智慧供应链管理水平和市场竞争力。

两年前，L 公司正式开始与京东物流合作，采用京东物流制订的灵活、高效的一体化智慧供应链解决方案。合作一年后，L 公司的订单履约率提高至 98%，发货差错率下降 16%。

如今，L 公司计划进一步深化与京东物流的合作，与其达成战略合作伙伴关系。双方将在重庆市、武汉市等多地共同建设智慧仓库，同时引进各种先进的智慧仓储设备，以进一步降低物流成本，提高物流效率。

L 公司的相关负责人表示，京东物流作为一家大型物流企业，是 L 公司长期、稳定、值得信赖的智慧供应链合作伙伴。双方在经营理念、发展策略上有较高的契合度，双方达成战略合作伙伴关系，有利于实现资源共享和优势互补，从而实现合作共赢。

问题：

（1）智慧供应链合作伙伴可分为哪些类型？在上述案例中，京东物流属于哪种类型的合作伙伴？

（2）选择智慧供应链合作伙伴的标准有哪些？在上述案例中，L 公司选择京东物流作为合作伙伴时遵循了哪些标准？

一、智慧供应链合作伙伴的分类

（一）按对其他成员企业的影响程度划分

按对其他成员企业的影响程度划分，智慧供应链合作伙伴可分为重要合作伙伴和次要合作伙伴。重要合作伙伴数量较少，但与核心企业联系紧密，其变动对其他成员企业的影响较大；次要合作伙伴数量相对较多，但与核心企业联系不紧密，其变动对其他成员企业的影响较小。

（二）按对智慧供应链增值所做的贡献和自身的竞争力划分

按对智慧供应链增值所做的贡献和自身的竞争力划分，智慧供应链合作伙伴可分为有影响力的合作伙伴、战略性合作伙伴、普通合作伙伴和竞争性合作伙伴，如图 8-1 所示。

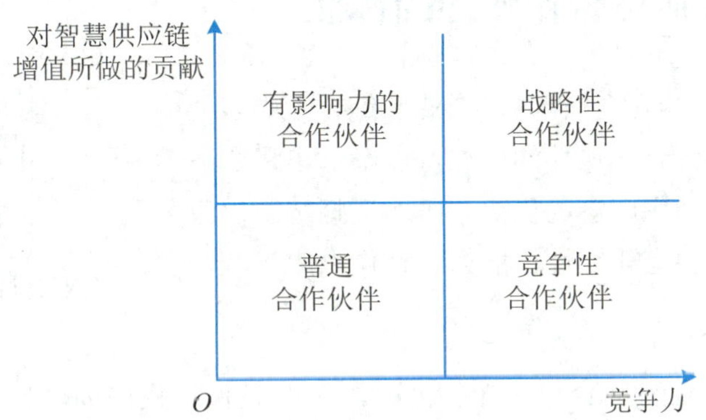

图 8-1 智慧供应链合作伙伴分类矩阵

在智慧供应链合作伙伴分类矩阵中，纵轴代表合作伙伴对智慧供应链增值所做的贡献，横轴代表合作伙伴在产品设计、生产工艺、项目管理等方面的竞争力。合作伙伴对智慧供应链增值所做的贡献越大，竞争力越强，对其他成员企业产生的吸引力就越大。

企业应根据不同的业务需求选择不同类型的合作伙伴。对于长期业务需求，企业最好选择战略性合作伙伴；对于中期业务需求，企业可选择有影响力的合作伙伴或竞争性合作伙伴；对于短期业务需求，企业选择普通合作伙伴即可。

典型案例

J 物流公司成为“W 公司十佳战略性合作伙伴”

2021 年，W 公司和 J 物流公司开启全面合作。J 物流公司向 W 公司开放覆盖全国各地的智慧物流网络，为双方深入合作打下了良好基础。2022 年，双方宣布对消费者、门店、库存互通的“三通”战略进行全面升级，实施实现线上线下渠道融合的“三通 2.0”战略，进一步深化合作。此后，双方在智慧供应链协同与全渠道融合方面不断进行探索，给消费者带来了更好的购物体验。

2023 年，W 公司宣布与 J 物流公司开展长期战略合作，继续加大在智慧供应链方面的投资，并计划在十年内与 J 物流公司新建或升级 10 余个智慧配送中心，共同打造一体化智慧供应链仓配体系，以更好地满足消费者对新鲜产品和便捷服务的需求。

达成战略合作伙伴关系后，J 物流公司能够依托 W 公司的线下门店将产品直接送到消费者手中，并将产品配送时间缩短至 30 分钟。同时，J 物流公司还与 W 公司联合拓展海外订单业务，使进口订单业务持续保持高速增长。

2024 年 5 月，J 物流公司荣获“W 公司十佳战略性合作伙伴”荣誉称号。

二、选择智慧供应链合作伙伴的标准

在选择智慧供应链合作伙伴时，企业应综合考虑多个方面的因素，明确选择合作伙伴的标准，以筛选出最合适的合作伙伴，实现智慧供应链的优化升级。选择智慧供应链合作伙伴的标准主要有兼容性、能力、合作态度等。

飞鹤与供应链伙伴的共同发展

（一）兼容性

兼容性良好是企业与其合作伙伴相处融洽，并且保持良好的合作伙伴关系的基础。兼容性良好并不意味着没有摩擦，但是只要双方有合作的基础并相互尊重，就能消除摩擦。

一般而言，企业可主要从以下几个方面来评估自己与其合作伙伴的兼容性：① 合作伙伴的规模；② 以往的合作情况；③ 合作伙伴的发展战略；④ 合作伙伴的组织文化；⑤ 合作伙伴的组织管理方式；⑥ 合作伙伴的生产状况；⑦ 合作伙伴的产品销售状况；⑧ 合作伙伴的财务状况；⑨ 合作伙伴在生产安全管理、员工健康与生态环境保护方面所采取的措施。

（二）能力

任何企业都愿意与能力强的企业合作。一般而言，大部分企业都要求其合作伙伴有能力提供互补性资源，以增强本企业的市场竞争力。企业可主要从以下几个方面来评估其合作伙伴的能力：① 在拟合作领域，合作伙伴是否具有较大的优势；② 合作伙伴的市场竞争力如何；③ 合作伙伴的技术水平、生产能力、销售网络如何；④ 合作伙伴是市场的引领者还是跟随者；⑤ 合作伙伴的数字化水平如何。

（三）合作态度

即使合作伙伴兼容性良好且能力强，若其不愿意在合作中投入时间、人力和物力，合作伙伴关系也很难长久维持。因此，在选择智慧供应链合作伙伴时，企业必须明确对方是否具有积极的合作态度。

课堂互动

如果让你选择智慧供应链合作伙伴，你更看重合作伙伴的兼容性、能力还是合作态度？请简要说明理由。

三、选择智慧供应链合作伙伴的方法

选择智慧供应链合作伙伴的方法主要有直观判断法、招标法、协商选择法、采购成本比较法、成本分析法、神经网络法等。

（一）直观判断法

直观判断法是指企业根据自己的经验和调查所得的资料，对合作伙伴进行分析、评价的方法。直观判断法适用于选择次要原材料供应商。采用该方法时，企业需要重视有经验的采购人员的意见，或者直接由采购人员凭经验做出决策。

（二）招标法

招标法是指由招标企业提出招标条件，各投标企业进行投标，然后由招标企业决标，并与中标企业签订合作协议的方法。招标法适用于采购量大、投标竞争激烈的情况，但是不适用于紧急采购的情况。采用招标法有利于企业在更广泛的范围内选择更合适的合作伙伴，但是招标工作比较繁杂，且耗时较长。

释疑解惑

常见的招标方式有公开招标和邀请招标。公开招标是指招标企业通过发布招标公告，邀请所有潜在投标企业参加投标的招标方式。例如，顺丰速运将珍珠棉（见图 8-2）采购项目的招标公告公开发布在自己的官方网站上，以便更多的潜在投标企业都能获取有关信息。邀请招标是指招标企业预先邀请若干符合条件的投标企业参加投标，并从中选择最优投标企业的招标方式。

图 8-2　珍珠棉

（三）协商选择法

协商选择法是指先选出几家条件优越的企业，并分别与其进行协商，再从中选择最合适的合作伙伴的方法。协商选择法适用于潜在合作伙伴较多且能力相差不大的情况。

通过协商，双方可以在产品质量、交货期、售后服务等方面达成一致意见。但是采用该方法时，企业可选择范围有限，不一定能找到最佳合作伙伴。

（四）采购成本比较法

采购成本比较法是指通过计算、分析不同潜在合作伙伴的采购成本（一般包括产品费用、采购费用、运输费用等各项支出），再从中选择采购成本较低的合作伙伴的方法。采购成本比较法适用于潜在合作伙伴都能满足企业对产品质量和交货期的要求的情况。

（五）成本分析法

成本分析法是指通过计算、分析与不同潜在合作伙伴达成合作所产生的总成本（包括直接成本和间接成本），再从中选择总成本较低的合作伙伴的方法。成本分析法适用于与合作伙伴达成合作所产生的总成本对智慧供应链利润水平影响较大的情况。

（六）神经网络法

采用神经网络法选择合作伙伴的总体流程（见图 8-3）如下：根据模型中预先设定的评价指标，填入潜在合作伙伴的评价值，再经过一定的函数运算形成特定条件，最后由人工神经网络模块根据特定的条件，分析、判断该合作伙伴是否符合企业要求并生成相应的评价结果。神经网络法可以再现评价专家的经验和直觉思维，实现定性分析与定量分析的有效结合，保证合作伙伴综合评价结果的客观性。

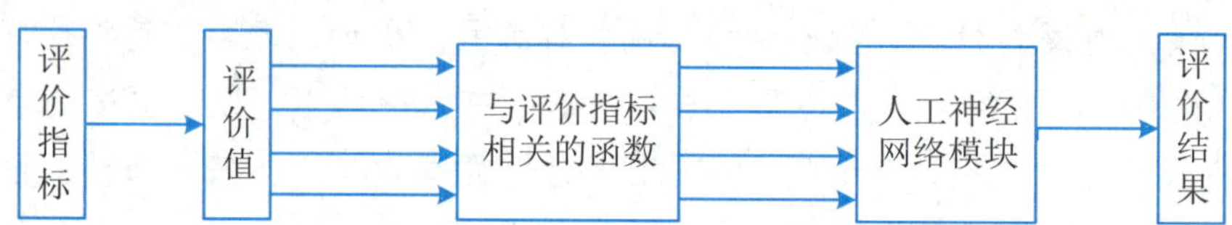

图 8-3 采用神经网络法选择合作伙伴的总体流程

释疑解惑

人工神经网络是指模仿生物神经系统组织结构和行为特征，进行分布式并行信息处理的数学模型。人工神经网络由大量节点相互连接而成，通过调节大量节点之间的相互连接关系达到信息处理目的，广泛应用于模式识别、自动控制和预测评价等领域。

四、选择智慧供应链合作伙伴的步骤

选择智慧供应链合作伙伴的步骤（见图 8-4）具体如下：

（1）分析市场需求和竞争环境。市场需求是企业开展一切活动的动力源泉。分析市场需求和竞争环境的目的在于找准产品的目标市场，明确该市场中产品的特征、类型、需求情况和与其他企业建立合作伙伴关系的必要性。

（2）明确选择合作伙伴的工作目标。企业必须明确合作伙伴的选择范围有多大、需要什么样的合作伙伴、如何实施潜在合作伙伴评价工作、由谁来负责开展工作等问题，并针对这些问题制订具体的工作目标。

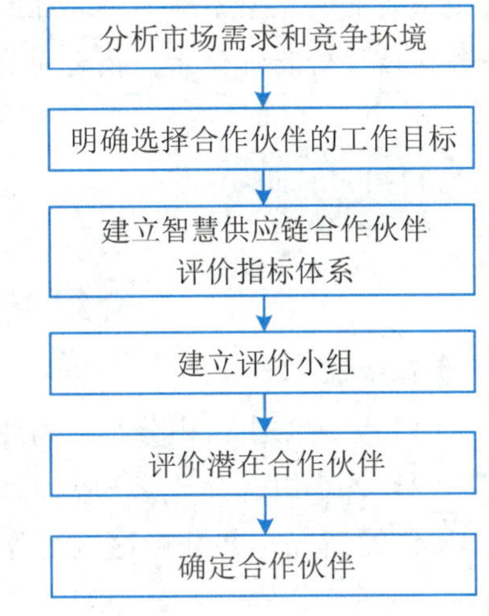

图 8-4　选择智慧供应链合作伙伴的步骤

（3）建立智慧供应链合作伙伴评价指标体系。智慧供应链合作伙伴评价指标体系是企业对潜在合作伙伴进行综合评价的依据。

（4）建立评价小组。企业必须建立评价小组，以开展潜在合作伙伴评价工作。评价小组成员应主要来自采购部门、质量管理部门、生产部门等与合作伙伴联系紧密的部门，且必须具有团队合作精神和一定的专业技能。

（5）评价潜在合作伙伴。一旦企业决定对某个潜在合作伙伴进行评价，评价小组就必须与该合作伙伴取得联系，以确定其是否愿意与本企业建立智慧供应链合作伙伴关系。评价小组应全面搜集该合作伙伴在生产、经营等方面的信息，并合理使用相关工具和技术方法对该合作伙伴进行评价。

（6）确定合作伙伴。企业应根据评价结果确定合适的合作伙伴。若未找到合适的合作伙伴，则企业需要扩大合作伙伴的选择范围并重新进行评价。

知识之窗

建立智慧供应链合作伙伴评价指标体系的原则

企业在建立智慧供应链合作伙伴评价指标体系时，应遵循以下原则：

（1）全面性原则。企业要全面考虑与合作伙伴相关的各方面因素，使评价指标能够全面反映合作伙伴目前的综合水平。

（2）科学性原则。企业必须从实际出发，遵循客观规律，运用科学思维方法，有预见性地构建智慧供应链合作伙伴评价指标体系。

（3）灵活性和可操作性原则。智慧供应链合作伙伴评价指标体系应具有足够的灵活性和可操作性，便于企业根据自身的特点和实际情况灵活应用。

（4）定性指标与定量指标相结合原则。企业只有将定性指标与定量指标均纳入智慧供应链合作伙伴评价指标体系中，才有可能对合作伙伴的实际情况做出客观、全面的评价。

（5）动态性原则。市场环境是不断变化的，智慧供应链内部环境也会随着智慧供应链成员企业的变化而变化。因此，企业应根据实际情况及时更新、调整智慧供应链合作伙伴评价指标体系，使之更符合当前的市场环境和智慧供应链的运作状况。

任务实施

介绍企业的智慧供应链合作伙伴

实施步骤：

（1）全班学生自由分组，每组 4～6 人，并选出 1 名小组长。

（2）各小组选择一家知名企业，通过查找网络或书籍资料，了解该企业智慧供应链合作伙伴的情况，并分析这些合作伙伴的类型、该企业在选择这些合作伙伴时遵循了哪些标准等。

（3）小组长记录和整理分析结果，并组织小组成员制作 PPT。

（4）小组长上台展示 PPT，其他小组发表看法，教师进行点评。

任务二　管理智慧供应链合作伙伴关系

任务导入

海底捞的智慧供应链合作伙伴关系管理实践

海底捞鼓励供应商在坚守食品安全红线的前提下不断提升产品研发能力，并欢迎更多优质供应商加入海底捞，共同打造可持续发展的智慧供应链合作伙伴关系，为消费者不断提供更好的产品。

1．践行“共创理念”

2023 年，海底捞将“共创理念”融入智慧供应链合作伙伴关系管理中，对供应商管理模式进行了全面升级。海底捞产品管理团队从消费者、一线员工、区域负责人等多个“端口”征集产品研发意见，同时邀请供应商参与产品设计，充分发挥了供应商研发与生产一体化的优势。

相关负责人表示，海底捞将持续打磨智慧供应链合作伙伴关系，通过创新合作模式，与合作伙伴在生产效率提升、品质管理等方面通力合作，探索更多发展机遇，实现互利共赢。

2．大力帮扶合作伙伴

如何在快速的产品“上新”节奏下保证产品品质的稳定？为解决这一难题，海

底捞食品安全管理团队围绕关键产品，助力合作伙伴实现从原材料到成品的全过程管控，确保产品品质。

一方面，海底捞食品安全管理团队对核心原材料供应商的生产人员、品控人员开展加工规范培训和食品安全管理培训，以提高供应商对食品安全的整体管控水平。另一方面，针对需要改善产品品质的合作伙伴，海底捞食品安全管理团队走进工厂、去到现场，在实地考察的基础上，为每位合作伙伴制订有针对性的解决方案。海底捞食品安全管理团队在2023年共帮扶了近30位合作伙伴，其中多位合作伙伴经过帮扶成长为海底捞的优秀合作伙伴。

3．数字化升级

海底捞自主研发了KPAD数字化订货预测模型，能够利用大数据技术和AI技术对门店销售数据进行深入分析，预测未来一段时间内的产品销量。同时，海底捞还建立了合作伙伴协同平台，实现了与合作伙伴之间的信息共享与协同作业。合作伙伴可以在该平台上实时查看海底捞各门店的实际销量、预测销量、库存状况、配送进度等，确保及时向各门店供应产品，极大提高了海底捞智慧供应链的响应速度和协同效率。

问题：

（1）什么是智慧供应链合作伙伴关系？

（2）海底捞采取了哪些措施来改善智慧供应链合作伙伴关系？

一、智慧供应链合作伙伴关系的概念

智慧供应链合作伙伴关系是指为了实现特定的目标，在智慧供应链内部两家或两家以上独立的成员企业之间建立的以信任、合作、共赢为出发点的，实现信息共享、风险共担、利益共享的协作关系。

企业建立智慧供应链合作伙伴关系的目的是降低智慧供应链总成本、降低总库存水平、加强信息共享、保持智慧供应链运作的连贯性等。通过建立智慧供应链合作伙伴关系，企业可将自己的业务与合作伙伴的业务进行深度整合，并且在产品设计、生产、销售等方面实现信息共享与高效协同，从而形成更强大的竞争优势。

释疑解惑

企业在建立智慧供应链合作伙伴关系时，应做到以下几点：

（1）先打通本企业内部各部门间的沟通渠道，加强企业内部管理。

（2）制订明确的合作方案。

（3）坚持与合作伙伴共担风险、共享收益。

（4）明确合作伙伴的核心优势和利润构成，必要时根据实际情况调整合作方案。

二、影响智慧供应链合作伙伴关系的因素

影响智慧供应链合作伙伴关系的因素主要包括信任程度、利益分配情况、高层管理人员的支持力度、信息共享程度、竞争力、合作伙伴变更情况等。这些因素相互作用，共同影响智慧供应链合作伙伴关系。企业要想保持良好的智慧供应链合作伙伴关系，就必须综合考虑各种影响因素及其相互间的关系，找出主要影响因素，并采取具有针对性的应对措施。

（一）信任程度

相互信任是成功合作的必要条件。以相互信任为前提共享有价值的信息，可以有效降低沟通成本，有利于智慧供应链合作伙伴集中精力开展核心业务，进而提高智慧供应链的运作效率。此外，智慧供应链合作伙伴之间只有保持高度信任，才能在出现误会、矛盾时，积极沟通，相互谅解，共同努力找出解决方案。

（二）利益分配情况

利益共享是企业之间开展合作的基础。以利益共享为前提建立起来的，能够使智慧供应链增值且利益分配公平、合理的合作机制，是维持良好的智慧供应链合作伙伴关系的关键。

（三）高层管理人员的支持力度

良好的智慧供应链合作伙伴关系必须得到企业高层管理人员的支持。不同企业高层管理人员之间的关系越融洽、合作意向越强烈，就越有利于智慧供应链合作伙伴关系的良好发展。

（四）信息共享程度

一般而言，智慧供应链合作伙伴之间的信息共享程度越高，智慧供应链合作伙伴关系越稳固。信息共享有利于促进智慧供应链合作伙伴之间的沟通，使各方清楚地了解彼此的需求和期望，减少彼此之间的误会、矛盾，并促进彼此之间的协作。

（五）竞争力

一般而言，智慧供应链合作伙伴的竞争力越强，智慧供应链合作伙伴关系越稳固。在合作过程中，竞争力强的合作伙伴通常能够展现出更高的专业水平和更强的执行力，这有利于增强合作伙伴之间的信任程度。

（六）合作伙伴变更情况

智慧供应链合作伙伴变更可能会对企业的核心业务产生影响，进而影响企业与其他合作伙伴之间的关系。企业必须做好充分准备，以及时应对智慧供应链合作伙伴变更所产生的负面影响。

课堂互动

Y科技公司在AI、云计算、大数据等领域具有较强的技术研发能力。在与Y科技公司合作一年后，X超市计划将与Y科技公司之间的普通合作伙伴关系升级为战略性合作伙伴关系，利用自身的社区资源和Y科技公司研发的功能强大的智能派单系统，尽量缩短配送人员的在途时间，提高外卖服务的交付能力。

请问：在上述案例中，影响X超市和Y科技公司之间的智慧供应链合作伙伴关系的主要因素是什么？

三、智慧供应链合作伙伴关系中可能存在的问题

（一）过分依赖某个或某几个供应商

若企业的供应商数量较少，企业又十分依赖其中某个或某几个供应商，则智慧供应链风险较大。例如，当这个或这几个供应商提高原材料、零部件的价格，或者无法按时供货时，企业将遭受重大损失。

（二）丧失核心竞争力

企业若不明确自身的核心业务范围，而将其中的部分业务外包给合作伙伴，就很可能导致丧失核心竞争力。一方面，企业可能无法对外包服务的质量、成本、履约进度等进行有效控制，从而影响核心业务的开展。另一方面，核心业务往往涉及企业的核心技术和商业秘密，外包核心业务中的部分业务可能导致这些敏感信息被泄露给竞争对手。

（三）利益分配困难

建立智慧供应链合作伙伴关系后，各成员企业仍然会从自身利益出发进行决策，并产生相应的利益诉求。这使得制订能满足所有智慧供应链合作伙伴的利益分配方案十分困难，从而导致智慧供应链合作伙伴关系面临风险。

（四）相互猜疑

智慧供应链合作伙伴在组织文化、利益诉求、管理方式等方面可能存在差异，容易导致合作伙伴之间相互猜疑，从而降低信任程度，增加合作成本。这不仅会影响智慧供应链的响应速度，还会对建立和维持长期合作伙伴关系产生负面影响。

（五）信息不对称

智慧供应链成员企业作为独立的经济主体，虽然与其他成员企业保持合作伙伴关系，但相互之间也存在竞争。为了维护自身的利益，一些成员企业有时可能故意隐瞒或谎报信息，从而造成信息不对称，进而影响利益分配和智慧供应链的整体运作效率。

四、改善智慧供应链合作伙伴关系的措施

（一）转变经营理念

企业必须转变经营理念，认识到其与合作伙伴之间不是零和博弈关系，而是相互协调、共同发展的共赢关系；认识到加强与合作伙伴之间的合作不会增加反而会降低生产经营成本，为自身带来更多利益；认识到提高智慧供应链的整体绩效，主要靠优化智慧供应链的资源配置，而不是牺牲某个合作伙伴的利益。

释疑解惑

零和博弈表示博弈各方的收益和损失之和为零，即一方有所得，其他方必有所失。在零和博弈中，博弈各方不存在合作的可能性。

（二）建立合作伙伴信任机制

企业应建立合作伙伴信任机制，以合同的形式明确本企业与合作伙伴的权利和义务，并且在合作过程中自觉规范自身的行为，认真履行相应的义务。只有这样，才能产生正向激励作用，推动合作伙伴之间相互信任。

（三）实现信息系统对接

企业应与合作伙伴实现信息系统对接，确保信息快速、准确地传递，打破信息壁垒，为改善智慧供应链合作伙伴关系提供信息支持。这里的信息系统不仅包括传递信息的通信系统（如销售时点系统、EDI 系统、管理信息系统等），还包括保障合作伙伴之间信息传递通畅的制度。例如，某大型连锁超市与供应商共建 EDI 系统，并制订了相应的信息传递制度，超市可按照制度利用该系统向供应商发送商业文件、发出采购指令等，同时供应商也可按照制度利用该系统及时、准确了解产品的销售情况、订货信息等，从而确保双方信息传递通畅。

（四）提高智慧供应链的整体绩效

企业应通过优化智慧供应链战略规划、应用先进技术、扶持合作伙伴、提高风险管理能力等方式，不断提高智慧供应链的整体绩效，夯实与合作伙伴共享利益的根基，确保所有合作伙伴都能从中获益，从而促使合作伙伴之间形成更加紧密和稳固的关系。

典型案例

M 电商平台大力扶持原创商家

M 电商平台在杭州召开智慧供应链合作伙伴大会，上百个具备原创设计能力的服饰类商家受邀参会。大会上，M 电商平台详细介绍了新制订的智慧供应链合作方案，并宣布将在多个维度为商家提供支持。

商家在入驻 M 电商平台后，M 电商平台会在产品设计、主播匹配、营销服务等方面为商家提供支持，全方位助力商家进行直播卖货（见图 8-5）。此外，为了帮助商家适应市场环境和消费需求的快速变化，M 电商平台利用大数据技术监测市场消费趋势变化情况，主动引导商家调整产品结构，让更多商家重视原创设计，以满足广大消费者的个性化需求。

图 8-5　直播卖货

未来，M 电商平台将继续加大对原创商家的扶持力度，培育更多优秀的原创设计品牌，实现平台和商家双赢，促进平台可持续发展。

任务实施

介绍你眼中的智慧供应链合作伙伴关系

实施步骤：

（1）全班学生自由分组，每组 4～6 人，并选出 1 名小组长。

（2）各小组以“我眼中的智慧供应链合作伙伴关系”为主题，上网搜集与智慧供应链合作伙伴关系相关的资料。

（3）各小组对搜集到的资料进行整理和分析，提取其中的关键信息，并围绕搜集到的资料探讨智慧供应链合作伙伴关系的重要性、影响因素、改善措施等。

（4）小组长记录和整理探讨结果，并组织小组成员以“我眼中的智慧供应链合作伙伴关系”为主题制作 PPT。

（5）小组长上台展示 PPT，其他小组发表看法，教师进行点评。

学习成果检测

1. 填空题

（1）按对其他成员企业的影响程度划分，智慧供应链合作伙伴可分为____________和____________。

（2）____________是指企业根据自己的经验和调查所得的资料，对合作伙伴进行分析、评价的方法。

（3）为了维护自身的利益，一些成员企业有时可能故意隐瞒或谎报信息，从而造成____________，进而影响利益分配和智慧供应链的整体运作效率。

2. 单选题

（1）根据智慧供应链合作伙伴分类矩阵，对于长期业务需求，企业最好选择（　　）。

A．有影响力的合作伙伴　　B．战略性合作伙伴

C．普通合作伙伴　　D．竞争性合作伙伴

（2）（　　）是指先选出几家条件优越的企业，并分别与其进行协商，再从中选择最合适的合作伙伴的方法。

A．直观判断法　　B．招标法

C．协商选择法　　D．神经网络法

（3）影响智慧供应链合作伙伴关系的因素有（　　）。

① 信任程度　　② 利益分配情况　　③ 合作伙伴变更情况

④ 信息共享程度　　⑤ 竞争力　　⑥ 高层管理人员的支持力度

A．①②③④⑤⑥　　B．①②③④⑤

C．②③④⑤⑥　　D．①③④⑤⑥

3. 判断题

（1）重要合作伙伴数量较少，与核心企业联系不紧密，其变动对其他成员企业的影响较小。（　　）

（2）招标法适用于紧急采购的情况。（　　）

（3）智慧供应链合作伙伴关系以信任、合作、共赢为出发点。（　　）

（4）在智慧供应链中，合作伙伴变更不会影响企业与其他合作伙伴之间的关系。（　　）

4．简答题

（1）简述选择智慧供应链合作伙伴的标准。

（2）简述选择智慧供应链合作伙伴的步骤。

（3）简述智慧供应链合作伙伴关系中可能存在的问题。

（4）简述改善智慧供应链合作伙伴关系的措施。

请进行学习成果评价，并将评价结果填入表 8-1 中。

表 8-1　学习成果评价表

评价项目	评价内容	分值	评价分数	
			自评	师评
知识（40%）	智慧供应链合作伙伴的分类	6		
	选择智慧供应链合作伙伴的标准、方法和步骤	10		
	智慧供应链合作伙伴关系的概念	4		
	影响智慧供应链合作伙伴关系的因素	5		
	智慧供应链合作伙伴关系中可能存在的问题	6		
	改善智慧供应链合作伙伴关系的措施	9		
技能（40%）	能够正确选择智慧供应链合作伙伴	20		
	能够采取合理措施改善智慧供应链合作伙伴关系	20		
素养（20%）	乐于学习，勤于学习，善于学习	5		
	具备团队精神，积极与人合作	5		
	严谨细致，精益求精	5		
	树立创新意识，挖掘创新潜能	5		
合计		100		
总评（自评×40%+师评×60%）			教师签名：	

项目九 智慧供应链运作管理

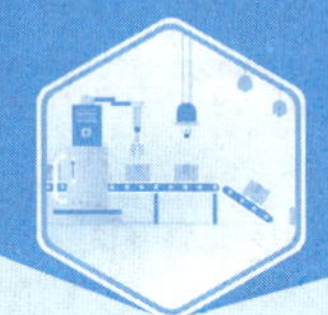

项目导读

供应链运作管理是供应链管理的关键组成部分，涉及需求预测、采购管理、生产管理、库存管理等多个环节，其核心目标是确保产品能够在生命周期内以最低的成本、最快的速度从供给端流通到需求端。在智慧供应链管理环境下，运作管理融入了数字化、智能化元素，极大提高了供应链的透明度、灵活性和整体绩效，为企业在日益复杂多变的市场环境中赢得竞争优势提供了强有力的支撑。

知识目标

- ✓ 熟悉智慧供应链需求预测的相关知识。
- ✓ 熟悉智慧供应链采购管理的相关知识。
- ✓ 熟悉智慧供应链生产管理的相关知识。
- ✓ 熟悉智慧供应链库存管理的相关知识。

技能目标

- ✓ 能够根据具体情况进行智慧供应链运作管理。
- ✓ 能够简要介绍各种新兴技术在智慧供应链运作管理中的应用情况。

素质目标

- ✓ 感悟智慧供应链运作管理中体现的合作思想，明白合作的重要性，在合作中增强团队凝聚力，实现共同目标。
- ✓ 理解牛鞭效应对智慧供应链库存管理的影响，明白小变动也会产生大影响的道理，学会从小事做起，持续不断地在细微之处努力，以实干书写青春华章。

任务一　智慧供应链需求预测

任务导入

优化需求预测模型，提高智慧供应链运作效率

有数据显示，企业产品销量预测的准确度每提高 1%，产品的库存周期就会缩短 7%，物流成本也会降低 2%。可见，精准的需求预测对于提高智慧供应链运作效率具有重要意义。然而，如何让预测结果尽量精准却是个十分棘手的问题。随着现代科技的快速发展，越来越多复杂却高效的智能算法和预测模型被应用到智慧供应链需求预测中，极大提高了预测结果的准确性。

Q 公司打造了新一代智能需求预测系统，实现了分类别的精细化预测，使预测结果更加精准、可靠。该系统在进行需求预测时，会从智慧供应链的大量数据中找出具有相同特点的数据集，然后有针对性地构建预测模型。例如，同样的产品在不同季节或不同地区的销量变化规律存在较大差异，于是该系统针对以“产品+季节+城市”为分类标准形成的每一个数据集单独构建预测模型，对特定产品的销量进行预测。

除了能够实现分类别的精细化预测外，该系统还能够从多个维度分析和解释各种因素（如节假日、促销活动、突如其来的旅游热潮等）对产品销量的影响程度。Q 公司能够在该系统中根据不同因素为预测模型设置不同的算法参数，然后得到不同的预测结果，便于及时变更采购计划、生产计划、库存计划，调整资源配置情况，从而规避市场风险。

问题：

（1）什么是智慧供应链需求预测？智慧供应链需求预测具有哪些作用？

（2）智慧供应链需求预测的步骤是怎样的？

一、智慧供应链需求预测的概念

智慧供应链需求预测是指应用先进的信息技术，采用各种科学的预测方法，综合考虑历史销售数据、消费者行为变化、季节性波动、宏观经济环境等影响客户需求的各种因素，对企业在一定时期内的客户需求进行估计的活动。

智慧供应链需求预测是企业制订采购计划、生产计划、库存计划等的基础，对确保智慧供应链高效运作至关重要。具体而言，智慧供应链需求预测具有以下作用：

（1）企业可以根据预测结果做出科学的生产决策，有效配置物料、人员、设备等生产资源，减少生产过剩或生产不足的风险。

（2）企业可以根据预测结果合理确定库存水平，避免出现库存积压或库存不足的情况。

（3）企业可以根据预测结果灵活调整市场策略，快速响应客户需求的变化。

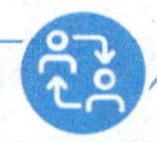

课堂互动

有人认为，需求预测经常不准确，对企业进行智慧供应链管理的帮助较小，甚至可能导致企业做出错误的决策，因此企业没必要进行需求预测。请问：你怎样看待这种观点？

二、智慧供应链需求预测的步骤

智慧供应链需求预测的步骤（见图9-1）具体如下：

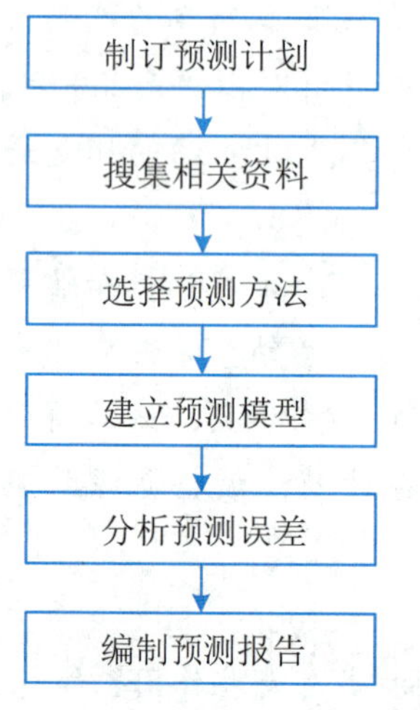

图9-1　智慧供应链需求预测的步骤

（1）制订预测计划。企业应首先制订预测计划，明确预测的具体对象（如特定产品或服务）和内容，时间范围（如短期、中期或长期），预测目的（如便于进行库存管理或为制订生产计划提供数据支持等），并确定预测结果将如何使用。

（2）搜集相关资料。企业应尽可能全面地搜集各方面的资料，并对资料进行筛选、分类与整理，以便为智慧供应链需求预测提供可靠的资料。

（3）选择预测方法。智慧供应链需求预测的方法有很多，每种预测方法的适用情况有所不同。企业应根据预测目的和自身实际情况，选择最合适的预测方法，以提高预测结果的准确性和可靠性。

（4）建立预测模型。企业应根据选择的预测方法，对搜集到的相关资料进行深入分析，然后建立科学的预测模型，以揭示有关变量之间的关系，对客户需求的未来变动趋势做出科学预测。

（5）分析预测误差。预测误差是指预测结果与实际观测值之间的差距。预测误差是客观存在的，是不可避免的。企业应将往期数据作为因变量，利用预测模型计算往期预测结果，然后分析往期预测结果与往期实际观测值之间的误差，然后根据该误差对预测模型进行评价。若预测误差较小，则预测模型较为合理；若预测误差超出了允许的范围，则要分析误差产生的原因，并及时修正预测模型，以得到更准确的预测结果。

（6）编制预测报告。企业应将相关资料、预测方法、预测模型、原预测结果、误差分析结果、修正后的预测结果等内容编制成预测报告，并将其作为管理人员做出智慧供应链管理决策的依据。

三、智慧供应链需求预测的方法

智慧供应链需求预测的方法较多，下面主要讲解移动平均法、指数平滑法和回归分析法等。

（一）移动平均法

移动平均法的基本原理如下：对于一个时间序列，假定在一个比较短的时间间隔内，序列的观测值比较稳定，不同观测值之间的差异主要是随机干扰造成的。根据这种假定，可以用一定时间间隔内观测值的平均数作为下一期的预测值。

移动平均法可分为简单移动平均法和加权移动平均法。

1. 简单移动平均法

简单移动平均法中的各期观测值的权数都相等。采用简单移动平均法预测客户需求的计算公式如下：

$$Y_{n+1}=\frac{\sum_{i=1}^{n}Y_i}{n}$$

式中：

Y_{n+1} ——第 $n+1$ 期的预测值；

Y_i ——第 i 期的观测值；

n ——期数。

释疑解惑

权数又称权重，是指在计算平均数时，视重要程度为原始数据赋予的、具有权衡作用的数值。

2. 加权移动平均法

采用加权移动平均法时，预测人员需要根据各期观测值对预测值的影响程度，分别对各期观测值赋予不同的权数。采用加权移动平均法预测客户需求的计算公式如下：

$$Y_{n+1}=\frac{\sum_{i=1}^{n}(Y_i\times X_i)}{\sum_{i=1}^{n}X_i}$$

式中：

Y_{n+1} ——第 $n+1$ 期的预测值；

Y_i ——第 i 期的观测值；

X_i ——第 i 期的权数；

n ——期数。

释疑解惑

一般而言，最近期的观测值最能体现未来的情况，因此预测人员应赋予其较大的权数。但是，当观测值呈现季节性波动时，权数也应具有季节性波动的特点。

（二）指数平滑法

指数平滑法是在加权移动平均法基础上发展起来的一种预测方法。指数平滑法的基本原理如下：下一期的指数平滑预测值是本期实际观测值与本期指数平滑预测值的加权平均数。

该方法具有以下优点：① 对不同时期的观测值赋予不同的权数，较符合实际情况；② 能够自动适应观测值的变化趋势，有利于提高预测的灵活性和预测结果的准确性。该方法具有以下缺点：① 不适合进行长期预测；② 未考虑促销活动、宏观经济环境等外部因素对客户需求的影响，可能影响预测结果的准确性；③ 历史观测值中的异常值可能会对预测结果产生较大影响，需要预先识别和处理异常值，导致工作量加大。

指数平滑法可分为一次指数平滑法和多次指数平滑法。多次指数平滑法较复杂，一般需要借助计算机等现代工具进行计算，本书只介绍一次指数平滑法。采用一次指数平滑法预测客户需求的计算公式如下：

$$S_{n+1} = aY_n + (1-a)S_n$$

式中：

S_{n+1} ——第 $n+1$ 期的预测值；

a ——平滑系数，取值范围在 0 到 1 之间；

Y_n ——第 n 期的观测值；

S_n ——第 n 期的预测值；

n ——期数。

典型案例

一次指数平滑法的应用案例

某企业 2024 年 1 月的实际销量为 1 252 台。假设平滑系数 $a=0.8$，该企业 2024 年 1 月的预测销量为 1 262 台。请用一次指数平滑法预测该企业 2024 年 2 月的销量。

2024 年 2 月的预测销量 $S_2=0.8\times1\,252+0.2\times1\,262=1\,254$（台）

该企业采用一次指数平滑法预测 2024 年 2 月的销量为 1 254 台。

（三）回归分析法

回归分析法是指在掌握大量观测数据的基础上，采用数理统计方法建立因变量与自变量之间的回归预测模型（即回归方程，如 $y=a+bx$），以反映因变量与自变量之间的关系，进而据此推算出因变量预测值的方法。

该方法具有以下优点：① 能够量化和解释因变量与自变量之间的关系，便于预测人员理解不同因素是如何影响目标变量的；② 种类多样，既包括简单的线性回归分析法，又包括复杂的非线性回归分析法，适用于多样化的需求预测情况。该方法具有以下缺点：① 大多数回归预测模型是在一系列假设（如线性关系假设、独立性假设等）的基础上构建的，若观测数据不符合这些假设，则模型的有效性会降低；② 回归预测模型对异常值十分敏感，少数异常值可能严重影响预测结果的准确性；③ 随着回归预测模型越来越复杂，预测结果可能变得越来越难以理解。

由于回归分析法比较复杂且本书篇幅有限，故在此不做详细介绍。

四、基于大数据技术的智慧供应链需求预测

（一）什么是大数据技术

大数据是指具有体量巨大、来源多样、生产极快、多变等主要特点，且难以用传统数据体系结构有效处理的包含大量数据集的数据。大数据技术实质上是一系列用来从海量数据中提取有价值的信息的技术集合，主要包括数据采集技术、数据预处理技术、数据储存技术、数据分析与挖掘技术、数据安全与隐私保护技术等五类技术。企业可以利用大数据技术，采集与分析各种相关数据（如企业内部销售数据、客户调查数据等），了解客户的消费行为与消费偏好，准确预测其需求。

（二）大数据技术的应用

大数据技术在智慧供应链需求预测中的应用流程可分为数据采集、数据预处理、数据分析、模型构建与评估、结果展示等步骤，如图 9-2 所示。

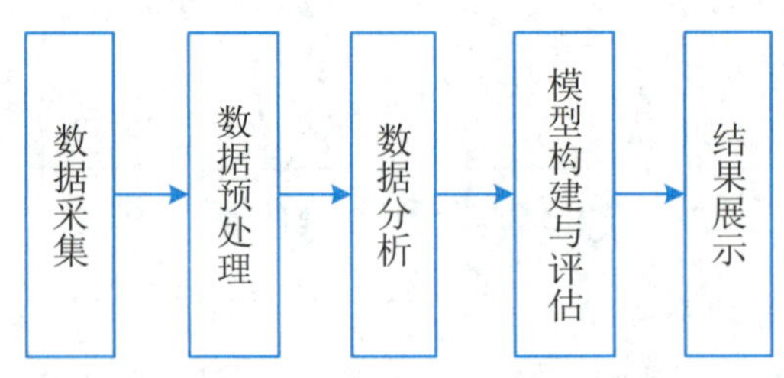

图 9-2　大数据技术在智慧供应链需求预测中的应用流程

1. 数据采集

预测人员借助数据采集工具从智慧供应链的不同节点上和不同业务环节中采集相关数据，具体包括内部数据和外部数据等两类数据。

（1）内部数据是指企业内部产生的与智慧供应链需求相关的数据，包括但不限于以下数据：① 销售数据，如销量、销售价格、销售渠道、销售地区等；② 库存数据，如库存量、库存地点、库存周转率等；③ 生产数据，如生产量、生产成本等；④ 采购数据，如采购量、采购价格等；⑤ 物流数据，如运输量、运输时间、运输成本等。

（2）外部数据是指来自企业外部的与智慧供应链需求相关的数据，包括但不限于以下数据：① 市场数据，如市场平均价格等；② 经济数据，如经济增长率、通货膨胀率等；③ 社会数据，如人口总量等；④ 气象数据，如温度、湿度、降水量等；⑤ 社交媒体数据，如网友评论数量等。

2. 数据预处理

完成数据采集后，预测人员利用数据预处理技术对来自不同渠道的数据进行统一处理，以确保数据的一致性和可用性。数据预处理工作主要包括以下几项：

（1）数据清洗，目的是处理数据中的错误和不一致之处，主要方法有数据去重、数据纠错、数据填充等。

（2）数据转换，是指将数据从一种格式转换成另一种格式，以便后续进行数据分析。

（3）数据集成，是指将来自不同渠道的数据储存到同一个数据库中。

3. 数据分析

完成数据预处理后，预测人员对数据进行探索性分析，通过绘图（如散点图）等方式，深入理解数据的结构、特征，发现数据中的异常值和潜在的变化趋势等，为后续构建预测模型奠定基础。

4. 模型构建与评估

在对数据进行探索性分析的基础上，预测人员构建合适的预测模型，并对模型进行评估，以确保模型能够准确预测未来的客户需求。在大数据技术框架下，常用的预测模型有以下几类：① 统计模型，即基于统计学原理建立的预测模型，如回归预测模型等；② 机器学习模型，即基于机器学习算法建立的预测模型，如决策树模型、随机森林模型等。

释疑解惑

机器学习算法是指功能单元通过学习新知识与新技能或整理已有的知识与技能，以改善其性能的算法。

5. 结果展示

预测人员应借助大数据系统中内置的可视化分析工具，以表格、图形（如柱形图，见图 9-3）等可视化形式将预测结果直观地展示出来，以方便管理人员应用预测结果。

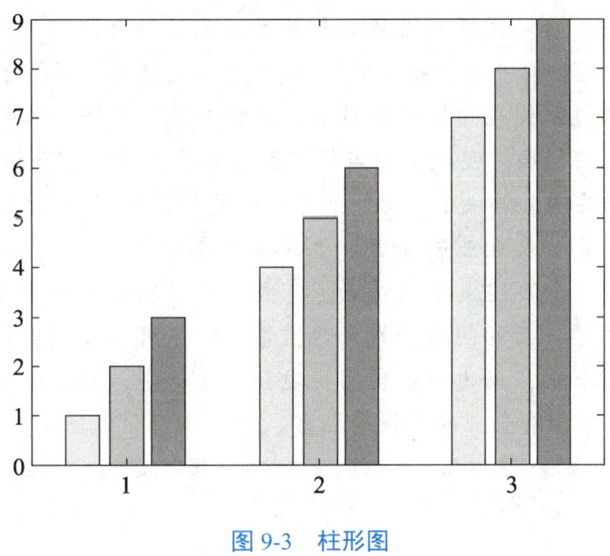

图 9-3　柱形图

任务实施

介绍新兴技术在智慧供应链需求预测中的应用情况

实施步骤：

（1）全班学生自由分组，每组 4～6 人，并选出 1 名小组长。

（2）小组长组织小组成员查找新闻报道、学术论文、行业报告等，了解智慧供应链需求预测中应用的一种新兴技术，并围绕该技术搜集相关资料，包括但不限于新兴技术的内涵、工作原理、实际应用案例等内容。

（3）小组长整理和分析搜集到的资料，并组织小组成员制作 PPT。

（4）小组长上台展示 PPT，其他小组发表看法，教师进行点评。

任务二 智慧供应链采购管理

任务导入

“华电链”：区块链技术赋能物资采购

近年来，中国华电集团物资有限公司（以下简称“华电物资”）聚焦物资采购过程中的痛点与难点，启动了区块链技术与物资采购的融合应用研究，打造了具有集中管控特点的区块链平台——“华电链”，规范了采购行为，降低了采购成本。

“华电链”通过深化应用区块链技术，建立起统一的物资信息库、数据接入标准、数据共享与交换标准，实现了中国华电集团有限公司（以下简称“华电集团”）内部的信息交互与共享，解决了各部门业务系统间的信息不对称问题。

“华电链”为企业采购业务插上了“科技翅膀”。“华电链”利用区块链技术去中心化、不可篡改性和可追溯性的特点，有效解决了物资采购中多方数据互信、数据安全与隐私保护等方面的问题，为采购监管提供了可靠数据支撑。华电物资以区块链技术赋能物资采购，助力华电集团实现数字化转型，带动智慧供应链上下游企业协同发展，展现了国有企业的责任与担当。

（资料来源：王宇豪、魏同寿，《中国华电物资：自主可控区块链赋能物资采购》，中国网，2023年5月22日）

问题：

（1）什么是区块链技术？

（2）区块链技术在智慧供应链采购管理中是如何发挥作用的？

（3）除了区块链技术外，智慧供应链采购管理中还应用了哪些新兴技术？

一、智慧供应链采购管理的目标

传统的采购管理是以交易为导向的事务性活动，其职责主要是执行采购任务、处理采购订单，其目标是以尽可能低的价格从供应商处获取所需物料。而智慧供应链采购管理是以流程为导向的战略性活动，除了保障生产所需的物料、保持并提高供货质量外，还强调采购企业与供应商建立合作伙伴关系，降低采购风险，提高物流效率和智慧供应链的竞争力。

具体而言，智慧供应链采购管理要实现以下五个目标：① 确保物料持续供应；② 在保证可持续生产的前提下，保持尽可能少的库存量，甚至保持零库存；③ 持续提高产品质量；④ 不断开发更优质的供应商；⑤ 降低智慧供应链总成本。

二、智慧供应链采购管理的特点

与传统的采购管理相比，智慧供应链采购管理具有以下三个特点。

（一）订单驱动

在传统的采购管理中，采购企业和供应商缺乏及时响应客户需求变化的能力。供应商不会关心采购企业的生产计划，也不会主动了解采购企业的生产进度和物料需求的变化。由于双方未建立渠道畅通、沟通及时、信息共享的沟通机制，当客户需求发生变化时，采购企业会因无法更改与供应商已签订的采购合同而出现库存积压或停工待料等现象。

在智慧供应链采购管理中，采购活动一般由订单驱动。客户订单驱动生产订单，生产订单驱动采购订单，采购订单驱动供应商准备物料并按时交货。采购企业的生产部门在收到物料后，通知采购部门已接收物料，最后采购部门通知财务部门向供应商付款。订单驱动的采购活动如图 9-4 所示。在这种订单驱动模式下，智慧供应链成员企业可以及时响应客户需求的变化，有利于降低库存成本，提高库存周转率。

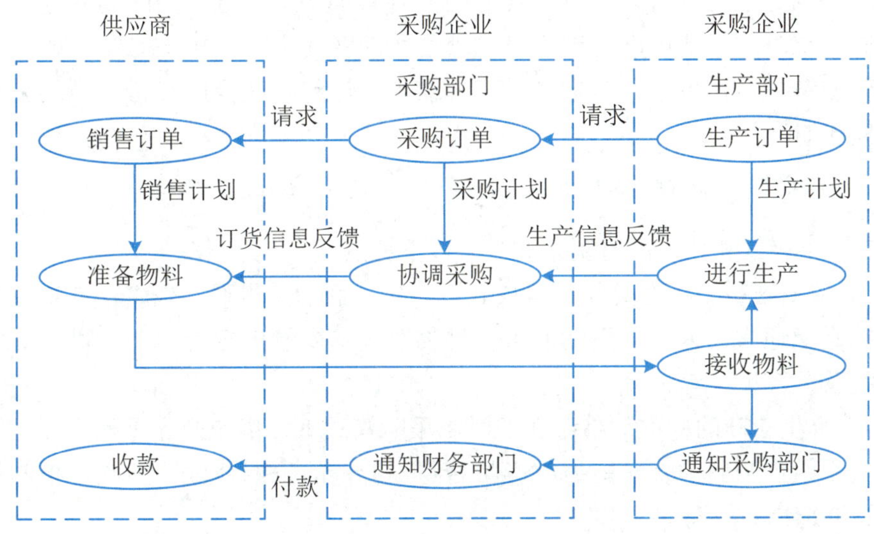

图 9-4　订单驱动的采购活动

（二）合作共赢

在传统的采购管理中，采购企业与供应商之间是单纯的买卖关系，无法从战略视角和全局层面解决与采购相关的问题，如库存问题、风险问题、组织间沟通障碍问题等。

在智慧供应链采购管理中，采购企业与供应商之间是合作伙伴关系，双方共享订单信息，共担风险，协同处理计划、生产、物流等环节中出现的问题，降低了智慧供应链内部的交易成本，提高了智慧供应链的运作效率。

（三）数智赋能

智慧供应链采购管理的数智赋能特点主要体现在以下几个方面：

（1）全面电子化。在智慧供应链采购管理中，采购企业可以借助先进的电子化工具，将传统的采购管理工作全面转移至线上，如利用电子招标系统在线发布招标公告、接收投标文件、评审投标文件和选择中标者，在线上平台与供应商签订电子合同，利用EDI系统与供应商、物流服务商等合作伙伴实时交换与共享信息等。

（2）智能决策。在智慧供应链采购管理中，采购企业可以依托大数据技术和智能算法，对海量数据进行深入分析，为采购决策提供有力的数据支持和科学的优化建议，使得企业在瞬息万变的市场环境中保持竞争优势。

（3）风险防范。在智慧供应链采购管理中，采购企业可以借助区块链技术，使人工无法干预采购过程，杜绝可能存在的不合规风险，维护公平公正的交易环境。

三、准时制采购

准时制采购是指将合适的物料以合适的数量与价格，在合适的时间送达合适的地点的采购模式。准时制采购由准时制生产管理思想演变而来。实施准时制采购，不仅能够提高智慧供应链的运作效率，有效满足客户需求，还能够减少库存量、节约采购成本、缩短采购提前期。

（一）准时制采购的特点

与传统采购模式相比，准时制采购具有以下特点：

（1）供应商数量少。在传统采购模式下，供应商的数量通常较多。在准时制采购模式下，采购企业通常会为需要采购的每一种物料选择少量供应商，并与供应商保持长期合作伙伴关系。

（2）选择供应商的标准严格。在准时制采购模式下，供应商与采购企业之间是长期合作伙伴关系，供应商的合作能力将影响智慧供应链的长期绩效。因此，采购企业会以较严格的标准选择供应商。

（3）进行小批量、多批次采购。在准时制采购模式下，采购企业的采购订单会因客户需求的变化而变化。为了满足动态的客户需求，采购企业必然会进行小批量、多批次采购。

释疑解惑

小批量、多批次采购会增加运输次数和运输成本。解决这一问题的方法主要有以下几种：① 供应商在采购企业附近建立临时仓库；② 由专门的物流企业负责送货；③ 让一个供应商同时供应多种物料，以增加单次运输量。

（4）对交货的准时性要求高。在准时制采购模式下，物料的库存水平较低，生产线的稳定运行高度依赖于供应商准时交货。若供应商交货延迟，则可能导致生产线停工，造成生产效率下降，甚至可能打乱整个生产计划。

（5）包装标准化。在准时制采购模式下，供应商多采用规格一致且可重复使用的包装容器（如可循环使用的塑料围板箱、免熏蒸木箱等，见图 9-5）及辅助物来包装物料，以在确保物料运输安全的前提下提高运输效率。

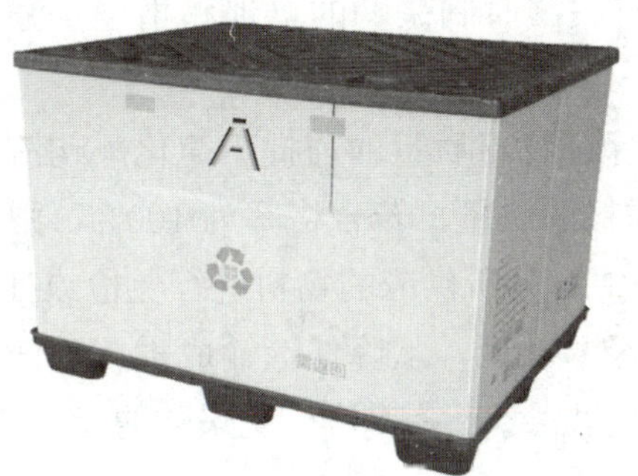
可循环使用的塑料围板箱

免熏蒸木箱

图 9-5　规格一致且可重复使用的包装容器

（二）准时制采购的实施步骤

准时制采购的实施步骤（见图 9-6）具体如下：

（1）组建准时采购团队。采购企业应根据采购需求，组建专门的准时采购团队。该团队的工作任务主要有：① 寻找稳定、可靠的货源；② 评价供应商的信誉和综合能力；③ 与供应商协商采购价格，然后签订准时采购合同；④ 向供应商颁发产品免检证书；⑤ 为供应商提供相关的培训和指导；⑥ 维护与供应商的合作伙伴关系。

（2）制订准时制采购计划。为确保准时制采购有计划、有步骤地实施，采购企业应制订准时制采购计划，明确如何控制供应商的数量、如何选择与评价供应商、向哪些供应商颁发产品免检证书等。

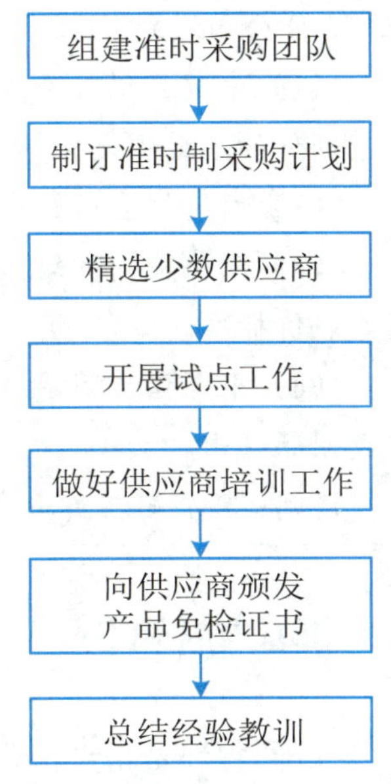

图 9-6　准时制采购的实施步骤

（3）精选少数供应商。采购企业应从众多供应商中选择少数几个条件更好的供应商，并与其建立长期合作伙伴关系。在精选少数供应商时，采购企业应主要从物料质量、采购价格、交货期、地理位置、技术能力、生产能力、运输能力、数字化水平、供应商的可替代性等方面进行考量。

（4）开展试点工作。采购企业可先从某种产品或某条生产线开始，开展准时制采购试点工作。在开展试点工作的过程中，采购企业应致力于解决采购部门与其他部门在业务流程和职责划分方面可能出现的问题。试点工作结束后，采购企业应总结经验并制订改进措施。

（5）做好供应商培训工作。准时制采购是供需双方共同努力才能完成的活动，供应商只有完全认可准时制采购，才能更好地配合采购企业实施准时制采购，进而实现智慧供应链的高效运作。采购企业应为供应商提供有关准时制采购的培训和指导，强化其合作能力。

（6）向供应商颁发产品免检证书。为了在保证物料质量的前提下简化采购流程，采购企业可逐一检验供应商在一段时间内所供应物料的质量，若合格率为100%，则可向该供应商颁发产品免检证书，并在后续的采购活动中对其所供应的物料进行免检或抽检。

（7）总结经验教训。采购企业应不断总结经验教训，从降低运输成本、降低库存成本、提高准时交货率、提高物料质量等方面进行改进，不断提高准时制采购的运行绩效。

课堂互动

S公司是一家大型汽车制造厂。该公司生产汽车所需的大部分零部件都需要采购，且零部件的种类繁多。为了降低采购成本，S公司实施了准时制采购。然而，在实施过程中，S公司遇到了以下问题：

（1）未建立供应商选择与评价体系，仍然选择与报价较低的供应商开展合作，导致零部件的质量缺乏保障，零部件返修成本高。

（2）所选供应商数量较多，导致供应商管理难度较大，管理成本较高。

（3）对供应商的绩效评价工作不够重视，未定期对供应商进行绩效评价，未明确绩效评价标准。

（4）未与供应商建立合作伙伴关系，供应商未从双方的合作中获得较多的利益，导致问题频出。

请问：S公司在实施准时制采购的过程中要怎样做，才能避免出现上述问题？

四、供应商管理

供应商管理是指对供应商的了解、选择、开发、评价、控制等综合性管理工作的总称。进行供应商管理的目的是组建一支稳定、可靠的供应商队伍，为采购企业的生产活动提供连续、稳定的物料供应。

（一）进行供应商寻源

在智慧供应链采购管理中，采购企业需要根据采购需求、采购计划等，找出最合适

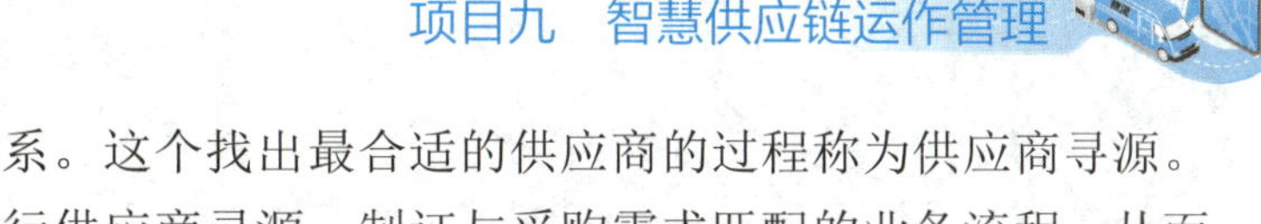

的供应商并与之建立合作伙伴关系。这个找出最合适的供应商的过程称为供应商寻源。采购企业应充分应用信息技术进行供应商寻源，制订与采购需求匹配的业务流程，从而实现供应商高效、科学寻源。

采购企业进行供应商寻源的流程（见图 9-7）具体如下：

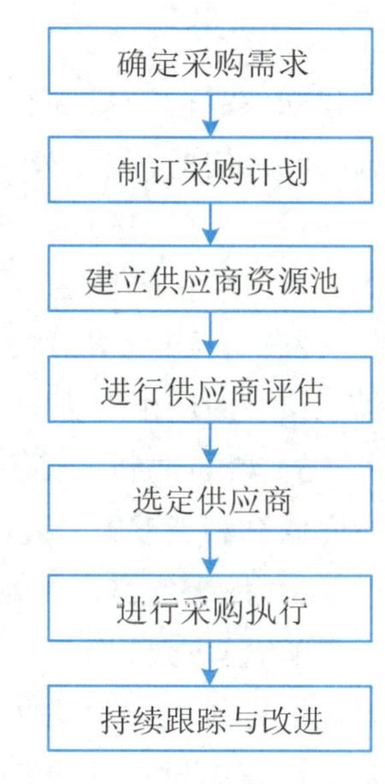

图 9-7 供应商寻源的流程

（1）确定采购需求。采购企业应明确自身的采购需求，为后续选择供应商奠定基础。

（2）制订采购计划。采购企业应根据采购需求、市场行情、自身经营状况等因素，制订详细的采购计划，明确采购目标、采购预算、采购的时间节点、采购方式等。

（3）建立供应商资源池。采购企业应围绕不同类型的采购需求，并结合市场供应情况，明确可选供应商的范围，然后通过资质评审、样品测试、服务考核等方式完成供应商的认证与引入，建立供应商资源池。

（4）进行供应商评估。采购企业应从财务状况、生产能力、产品质量管理体系、数字化水平和合作历史等方面对供应商进行科学评估。

（5）选定供应商。采购企业应根据供应商评估结果，选择最适合本企业的供应商，并与其进行谈判（见图 9-8），商定采购价格、交货期、质量标准等具体细节，然后签订采购合同。

图 9-8 谈 判

（6）进行采购执行。采购企业应制订采购执行方案，并对采购执行情况和供应商的履约情况进行跟踪与监督，以及时处理可能出现的问题和风险。

（7）持续跟踪与改进。采购企业应制订供应商绩效评价方案，与供应商定期会晤，并根据供应商的绩效确定后续采购活动的改进方向或决定是否更换供应商。

（二）选择供应商管理措施

为了使智慧供应链采购工作能够顺利进行，采购企业必须选择合适的措施对供应商进行管理。常用的供应商管理措施主要包括以下几种。

1. 建立信息沟通机制

建立信息沟通机制有利于及时、快速、准确地传递信息，从而减少智慧供应链中的信息不对称问题。采购企业建立信息沟通机制的措施如下：

（1）建立信息共享平台，在该平台上与供应商共享客户需求信息、生产计划信息、生产成本信息、质量控制信息等，以保证双方信息的一致性和准确性。

（2）与供应商共同建立联合任务小组，协同处理智慧供应链采购过程中发生的所有问题。该小组应由双方的工作人员共同组成。

（3）经常与供应商开展互访活动。这样做，一方面有利于营造良好的合作氛围，另一方面也有利于双方及时发现和解决合作过程中出现的问题。

2. 对供应商进行绩效评价

采购企业应使用科学的评价方法和评价手段，根据相应标准对供应商在合作过程中的表现进行绩效评价，并根据评价结果采取不同的激励或处罚措施，促使供应商主动处理合作过程中出现的问题。对供应商进行绩效评价有利于不断提高物料质量，提高准时交货率。

3. 建立供应商激励机制

为了保持长期、良好的合作伙伴关系，采购企业应建立供应商激励机制，通过发放奖金、股权激励、产品免检、延长采购合同期限等方式对表现优秀的供应商进行奖励，引导供应商积极地投入采购合作中，共同进行智慧供应链采购管理。

采购企业该如何激励供应商

典型案例

D 公司对供应商的激励措施

D 公司是一家电脑生产企业，为了能够与供应商建立良好的战略合作伙伴关系，采取了许多针对供应商的激励措施。这些措施既促进了供应商发展，又提高了 D 公司的智慧供应链采购管理水平和市场竞争力。

在资金支持方面，D 公司除了补偿供应商全部物流成本外，还约定供应商可享受供货总额 3%的返利，从而增强了供应商的资金实力。在业务运作方面，为了避免采用零库存策略导致采购成本增加，D 公司承诺与供应商保持长期合作伙伴关系，并会尽量消化因需求预测失误而产生的多余库存，以减轻供应商的库存压力，使供应商愿意

以较低的价格供货。此外，D公司还积极调动供应商参与分销环节，让各地区的供应商成为当地的销售代理商之一，从而使智慧供应链中的采购、生产、销售等环节结合得更紧密。

基于上述供应商激励措施，D公司与供应商的关系从简单的交易关系转变为战略合作伙伴关系，双方真正实现了风险共担、利益共享。

4. 与供应商签订长期合作协议

采购管理主要是对采购过程的控制。在智慧供应链采购管理中，采购过程控制是通过签订长期合作协议来进行的。这种长期合作协议是采购企业与供应商合作的基础，也是双方需要共同遵守的行为规范，约束力强。长期合作协议中一般包括危害行为判定与处罚条款、激励条款、质量控制条款、信息交流条款等重要条款。

知识之窗

长期合作协议中的重要条款

（1）危害行为判定与处罚条款。在智慧供应链采购管理中，采购企业与供应商之间保持密切合作，无论哪方做出危害其他方的行为，都会使智慧供应链的整体利益遭受损害，甚至危及智慧供应链的稳定。因此，采购企业应在长期合作协议中写明禁止双方可能做出的危害行为，并规定相应的处罚条款。

（2）激励条款。激励条款应包括考核项目、合格标准、奖励措施等内容。制订激励条款有利于促使供应商为了获得相应奖励而不断提高物料质量、服务水平和准时交货率。

（3）质量控制条款。在智慧供应链采购管理中，供应商所供应物料的质量主要由供应商控制，采购企业只在必要时对物料进行抽检。因此，质量控制条款应明确保证物料质量的责任归属和供应商具有不断提高物料质量的义务，同时标明对供应商所供应物料实行免检的条件。

（4）信息交流条款。信息传递及时、准确是顺利开展智慧供应链采购管理的保障。采购企业应在长期合作协议中对企业间的信息交流提出明确要求，如规定双方互派通信员、定期举行信息交流会、定期开展互访活动等，以防出现信息交流障碍。

五、新兴技术在智慧供应链采购管理中的应用

（一）大数据技术的应用

大数据技术作为近年来被广泛应用的一种新兴技术，在智慧供应链采购管理中的应用效果极其明显，不仅可以大幅提高采购管理的质量和效率，还可以有效推进采购管理

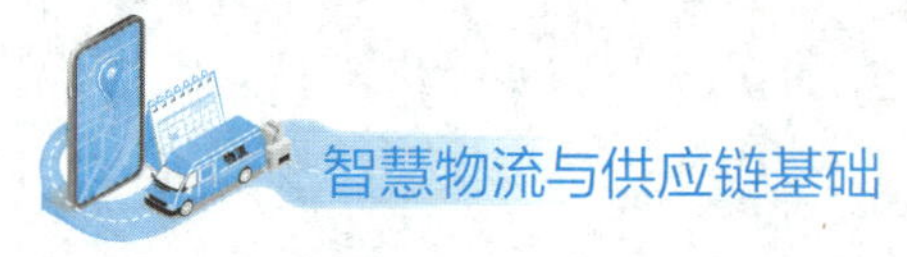

朝着精细化方向发展。

在智慧供应链采购管理中，采购企业可以借助大数据技术实现以下功能：

（1）在确定采购需求时，采购企业可以借助大数据技术，搜集海量与采购相关的数据，对这些数据进行分类和整合，充分挖掘数据价值，并据此明确本企业的采购需求。

（2）在确定采购价格时，采购企业可以借助大数据技术，通过分析市场数据得出所需采购物料的价格变化规律，并据此确定合适的采购价格。

（3）采购企业可以借助大数据技术，建立动态的数据库，储存与供应商相关的信息，以便及时了解供应商的具体情况（如信用状况、供货能力等）。当涉及招标采购时，招标过程中的各项交易信息、相关物料的具体信息等都可以汇总到数据库中，以便实现招投标信息追溯管理。

（二）区块链技术的应用

从技术层面看，区块链是一种分布式数据库，通过去中心化和去信任的方式，让参与者集体维护数据库，每个节点都是平等的，都保存着整个数据库，在任何一个节点写入/读取数据，都会同步到所有节点，但单一节点无法篡改任何一个记录。

什么是区块链

释疑解惑

去中心化表示在分布有多个节点的区块链系统中，每个节点都具有高度自治的特点，节点之间可以自由连接，形成新的连接单元，任何一个节点都可能成为阶段性的中心，但不具备控制其他节点的强制性功能。

去信任表示区块链系统中的多个参与者无须相互信任即可完成各种类型的交易与协作。

在智慧供应链采购管理中，采购企业可以借助区块链技术实现以下功能：

（1）实现信息充分共享。采购企业可以借助区块链技术，与供应商充分交换信息，有利于提高智慧供应链的协同效率，从而更好地满足客户需求。一方面，供应商可以将物料的规格与性能、交货期等信息上传至区块链系统中，采购企业可以通过查询区块链系统中的记录来了解供应商的具体情况，从而便于选择供应商。另一方面，采购企业可以将自己的采购需求、采购价格等信息上传至区块链系统中，供应商可以通过查询区块链系统中的记录来了解采购企业的采购信息，从而便于优化物料的生产计划与供应计划。

（2）确保信息安全。采购管理中涉及许多机密信息，如采购合同、客户信息、技术资料等。在应用传统技术的情况下，这些机密信息容易因计算机系统遭受黑客攻击而被泄露或被篡改，从而给企业带来重大损失。而在应用区块链技术的情况下，这些机密信息可以经加密后储存到区块链系统中，即使遭受黑客攻击，这些经加密的信息也无法被破解，从而极大保障了信息安全。

（3）简化审批流程。采购管理中涉及较多的审批流程。在应用传统技术的情况下，审批流程往往比较烦琐，需要多次审核才能完成。而在应用区块链技术的情况下，企业可以利用智能合约，自动执行审批操作，从而简化审批流程，提高工作效率。

释疑解惑

智能合约是指以运行在区块链中的软件程序形式存在的合约，合约由区块链部署，执行结果记录在区块链中。

（4）加强全程监管。采购企业可以利用区块链技术的可追溯性和去信任特点，实现各方主体从采购申请、采购执行到资金支付的自动留痕管理，从而提高采购流程的透明度。在招标采购中，采购企业可以利用区块链系统统计投标企业参与投标和中标的次数、分析投标企业的关联风险、分析投标文件的相似度等，自动识别中标率异常、横向抱团、纵向抱团等情形，有利于解决串标等违法行为取证难的问题；可以利用区块链技术的不可逆性，有效防范招标代理机构或评标专家篡改、删除评审记录等行为。

释疑解惑

串标是指投标企业之间或投标企业与招标企业相互串通投标，使某个利益相关者中标，从而谋取利益的行为。

分析 M 公司的智慧供应链采购管理实践

任务背景：

M 公司董事长指出，“量”和“质”是 M 公司与供应商建立和维持合作伙伴关系的关键。“量”是 M 公司与供应商互促互进、共赢发展的基础，“质”是决定双方合作深度和合作期限的核心。

M 公司将其供应商分为战略类供应商、保障类供应商和竞争类供应商三个级别，并对不同级别的供应商提出了不同的战略定位与合作要求。战略类供应商要确保在高标准、高效率供应物料的同时，与 M 公司形成“产品共研、标准共建、成果共享”的命运共同体；保障类供应商要确保所供应物料的质量和供给的稳定性、高效性；竞争类供应商要严格按照合作协议约定的内容为 M 公司供应物料。

M 公司建立了供应商级别动态调整机制，视情况将优秀的竞争类供应商升级为保障类供应商；视自身的战略发展需要，将保障类供应商升级为战略类供应商；同时也会对不符合标准的供应商做出降级或清退处理。

M 公司还自主研发了基于区块链技术的采购管理系统。该系统具有以下功能：① 实时统计与分析数据，展现规定时间内的商业承诺、交付过程和交付结果，便于交易双方随时查询相关数据，了解交易的具体情况，防止双方作假，从而保障双方的利益；② 利用智能合约，根据预设条件自动执行审批操作，实现审批流程的自动化，从而避免人工操作可能带来的失误。

实施步骤：

（1）全班学生自由分组，每组 4～6 人，并选出 1 名小组长。

（2）小组长组织小组成员研读上述材料，聚焦智慧供应链采购管理的相关知识，对 M 公司采取的供应商管理措施做出简要评价，并探讨区块链技术在智慧供应链采购管理实践中的应用前景。

（3）小组长记录和整理探讨结果，并组织小组成员撰写分析报告。

（4）小组长提交分析报告，教师进行点评。

任务三 智慧供应链生产管理

任务导入

大规模个性化定制深度改造制造业

GS 公司以全屋板式家具（见图 9-9）定制生产与销售为主营业务。该公司借助现代信息技术，对传统家具生产流程进行了彻底的信息化改造，将巨量数据转化为信息资产，提高了客户与本公司的合作效率，有效解决了大规模生产与个性化定制之间的固有矛盾，成为传统制造向大规模个性化定制转型升级的典范。

图 9-9 板式家具

GS 公司的大规模个性化定制模式主要包括方案设计、订单控制和生产执行等三个环节。

（1）在方案设计环节，客户可全面参与设计流程，与设计师商讨设计方案，直至得到完全满意的设计方案。

（2）在订单控制环节，客户在门店下单后，门店通过交互平台将订单信息传递给工厂。同时，订单控制系统自动按照所需板材的不同，将订单中的定制产品拆分成不同的模块，再对订单进行智能排产，将相同的模块安排在同批次进行批量生产。

（3）在生产执行环节，工厂借助高度数字化、智能化的生产执行系统，可快速完成来自订单控制系统的批量生产任务，大幅缩短交货期。

问题：

（1）什么是大规模个性化定制？实施大规模个性化定制需要具备哪些条件？

（2）除了大规模个性化定制外，还有哪些智慧供应链生产管理策略？

一、智慧供应链生产管理的内容

智慧供应链生产管理主要包括生产计划管理、生产组织管理和生产控制管理等内容。

（1）生产计划管理。生产计划是生产企业组织和控制生产活动的依据。通过生产计划管理，生产企业可以确定生产目标，制订并优化生产方案和生产流程。

（2）生产组织管理。生产组织主要包括引进生产技术，划分和布置车间、工段、小组、工作场地，规定各车间、工段、小组之间和各工序之间相互衔接与配合的事项等内容。有效的生产组织管理是高效完成生产计划、合理开展生产活动和有效利用生产资源的前提。

释疑解惑

工段是指生产企业内部的一级生产单位和管理单位，由在生产上有密切联系或性质相似的若干生产小组组成。

（3）生产控制管理。生产控制主要包括控制产品质量、生产进度、生产成本、库存等内容。通过生产控制管理，生产企业可以及时、有效地协调生产过程中涉及的各种内外关系（如生产企业内部生产部门与物流部门之间的关系，生产企业与供应商、分销商之间的关系等），使生产系统的运行状况符合既定生产计划的要求，从而顺利实现预期的生产目标。

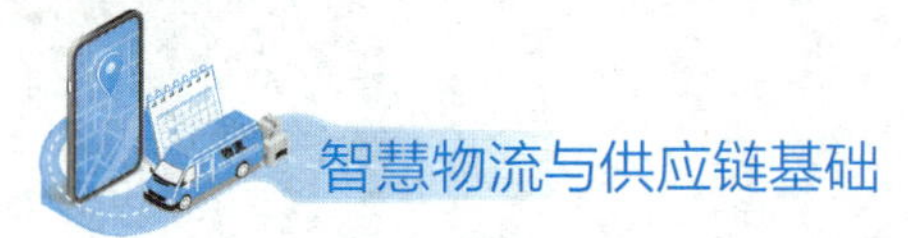

二、智慧供应链生产管理的特点

（一）决策信息多源化

智慧供应链生产管理要依据一定的基础数据，即决策信息。与智慧供应链生产管理有关的决策信息主要包括客户订单、客户需求预测结果和能够反映生产资源的数量、质量、分布情况、演变规律、开发利用情况等的信息。

决策信息对生产计划、生产组织和生产控制具有约束作用。在传统的生产管理中，决策信息来自生产企业内部。但在智慧供应链生产管理中，决策信息还可以来自供应商、分销商和客户等。

（二）决策群体化

在传统的生产管理中，生产企业采用的是一种集中式决策模式，生产决策主要由高层管理人员根据企业战略、企业经营状况和市场环境来确定。在智慧供应链生产管理中，不同生产企业在智慧供应链中所处的位置和自身的地理位置不同，掌握的决策信息也有所不同，而且每个生产企业的生产决策都会受到其他生产企业生产计划或销售计划的影响。因此，为提高智慧供应链的协同运作能力，重要成员企业必须共同参与智慧供应链内部生产决策的制订。

（三）信息反馈多方向化

在传统的生产管理中，生产信息一般呈纵向反馈，即从底层向高层反馈。在智慧供应链生产管理中，生产信息不仅沿着生产企业的组织结构从底层向高层反馈，还沿着智慧供应链的网络化结构多方向反馈。

（四）生产计划动态化

智慧供应链成员企业面临的市场环境越来越复杂多变，导致生产企业生产计划的不确定性和动态性增强。此外，在数字化和智能化的生产环境中，生产企业可以利用物联网技术、大数据技术等新一代信息技术实时采集与分析生产数据，并将分析结果快速应用到生产计划中，从而实现生产计划的实时调整与优化。

三、智慧供应链生产管理的要求

（一）确保供给与需求同步

确保供给与需求同步对于提高智慧供应链服务水平和降低智慧供应链生产成本具有重要意义。借助各种先进的信息技术，智慧供应链生产管理系统将供应商、制造商、分销商、零售商等紧密联系在一起，使智慧供应链成员企业都能及时获得最终客户的需求信息，并根据客户需求的变化情况实时调整生产计划、采购计划和销售计划等，从而平

衡智慧供应链内部的供给与需求，提高智慧供应链的整体绩效。

（二）建立协调合作机制

为了实现智慧供应链供需同步，生产企业必须尽量保证生产的稳定性和可持续性，并根据及时、有效的客户需求信息迅速调整生产计划。这就要求生产企业必须与供应商、分销商、零售商等建立协调合作机制，以降低本企业的库存成本、运输成本、沟通成本、风险成本，并提高智慧供应链对客户需求变化的快速响应能力。

（三）从智慧供应链的视角出发

生产企业是智慧供应链中的一个重要节点，必须从智慧供应链的视角对生产计划、生产过程、生产方式等进行管理。在制订生产计划时，生产企业必须综合考虑智慧供应链内部的生产资源条件、智慧供应链上下游企业的供需情况等因素。当这些因素发生变化时，生产企业就必须重新评估生产计划的准确性和自身的生产能力，以供应波动最小化为前提，根据评估结果调整生产方式、运输方式等，避免出现库存积压或库存不足现象。

课堂互动

M公司向N公司供应汽车座椅（见图9-10）。为了使M公司准时将汽车座椅送到N公司的汽车组装生产线上，M公司和N公司共同建立了同步供应系统。

N公司的汽车组装生产线一开始运转，该公司当前正在生产的汽车的型号和对应座椅的型号、颜色、功能等信息就会显示在同步供应系统中。M公司根据这些信息和N公司的生产计划制订本企业的主生产计划、物料需求计划、外协件（即产品外包商生产的产品）采购计划、自制零件生产计划、车间协作计划、运输计划等，以确保向N公司及时供应汽车座椅。

图9-10　汽车座椅

请问：M公司和N公司共同建立的同步供应系统体现了智慧供应链生产管理的哪些要求？

四、智慧供应链生产管理的策略

常用的智慧供应链生产管理策略包括延迟策略、准时制生产、精益生产、敏捷制造和大规模个性化定制。

（一）延迟策略

延迟策略是指为了降低智慧供应链的整体风险，有效满足客户的个性化需求，将最后的生产环节或物流环节推迟到客户提供订单以后才开始进行的生产管理策略。

一般而言，延迟策略可分为生产延迟策略和物流延迟策略。

1. 生产延迟策略

生产延迟策略是指将最后的加工工作延迟到收到客户订单之后才开始进行的生产管理策略。在收到客户订单前，企业只生产标准零部件等通用产品；在收到客户订单后，企业才针对具体产品开展组装等加工工作。图 9-11 为企业采用生产延迟策略时的生产流程。

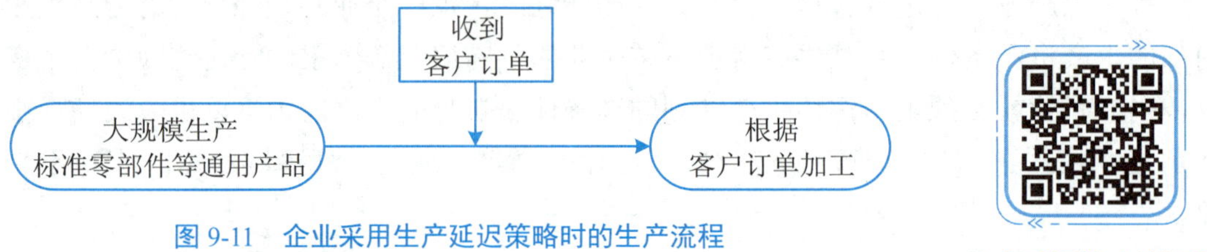

图 9-11　企业采用生产延迟策略时的生产流程

生产延迟策略的运用

2. 物流延迟策略

物流延迟策略以改变定制生产（即按照客户需求进行生产）的地点为基础，使定制生产作业可以在靠近客户的地方进行，然后从该地将产品发运给客户。例如，某企业将产品的最终包装工作从工厂调整到靠近客户的配送中心进行。图 9-12 为企业采用物流延迟策略时的生产流程。

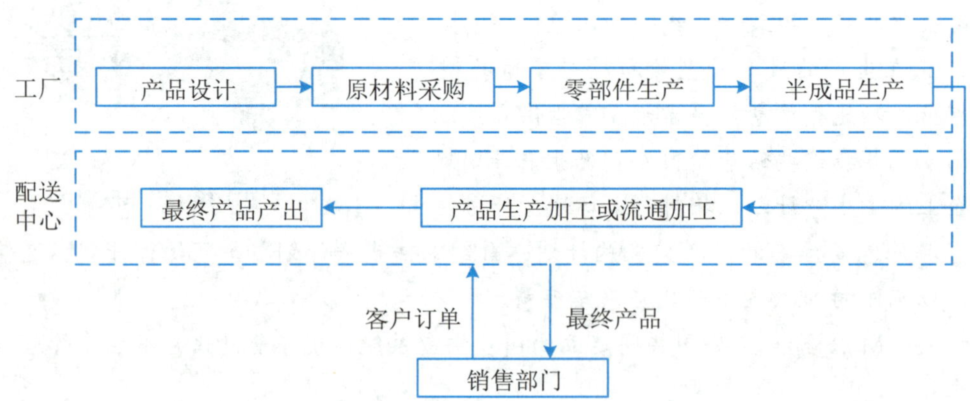

图 9-12　企业采用物流延迟策略时的生产流程

典型案例

延迟策略的实践案例

目前，许多企业采用延迟策略，加工并储存大量的零部件或半成品，并将最后的组装、包装等工作延迟至接到客户订单后才开始进行。

例如，J公司是一家知名汽车生产企业，其客户对汽车车身的颜色有不同的要求。于是，该公司先批量将汽车零部件装配成整车，在收到客户订单后，再按照订单要求给汽车车身喷上客户指定的颜色。

又如，K公司是一家知名剃须刀生产企业，在剃须刀生产中充分运用了延迟策略。该公司先让工厂生产基础样式的刀片，然后将刀片安装作业和剃须刀包装作业交由各地区的配送中心负责。配送中心根据客户订单中要求的刀片型号安装刀片，并进行最后的剃须刀包装作业。采用这种策略，不仅满足了客户的个性化需求，还提高了K公司的仓容利用率。

（二）准时制生产

准时制生产是指通过有效运用看板管理等多种方法和手段，消除各种无效劳动和浪费，确保在必要的时间和地点生产出必要数量和质量的必要产品，从而实现以最少投入获得最大产出的目标的生产模式。

企业实施准时制生产时，必须做到以下几点：① 有计划地消除所有浪费并持续提高生产效率，只在需要时才储备少量产品；② 从源头上提高产品质量，做到零废品；③ 进行小批量生产，以降低不确定因素带来的风险；④ 缩短生产提前期。

（三）精益生产

精益生产又称精良生产，是指以最大限度地减少企业生产所占用的资源、降低企业管理与运营成本为目标，以准时制生产、消除一切浪费、全员参与改善活动为手段，追求零缺陷、零库存、低成本的生产模式。这里的“浪费”是指一切不能创造价值的活动，主要包括过量生产、不必要的运输、不必要的搬运、过度加工等。

（四）敏捷制造

敏捷制造是指将柔性制造技术、熟练掌握生产技能的知识型劳动力、企业内部和企业之间的灵活管理三者集成在一起，以便对多变的客户需求做出快速响应的生产模式。

敏捷制造的三大要素为生产技术、人力资源和管理技术。

1. 生产技术

具有高度柔性的生产技术是实施敏捷制造的必要条件，主要包括产品设计技术、产品制造技术、信息沟通技术等。

在产品设计技术方面，企业应能利用计算机技术模拟产品的特性、状态和制造过程，便于同时开展产品开发设计、产品生产工艺规程编制、产品销售等工作。在产品制造技术方面，企业应拥有由可改变结构的模块化制造单元构成的可编程的柔性制造设备和智能制造过程控制装置，使传感器、采样器等与智能软件相结合，从而实现对制造过程的监控。在信息沟通技术方面，企业应建立信息共享平台，让生产信息在企业内部各部门之间、企业和其他合作伙伴之间保持高效、连续传递。

2. 人力资源

对于实施敏捷制造的企业来说，高素质的员工是其最宝贵的财富。实施敏捷制造时，企业的生产能力受机器设备的制约变小，而员工的素质成为企业提高生产能力的关键因素。员工的素质越高，企业实施敏捷制造取得成功的可能性就越大。因此，对员工进行培训（见图 9-13），提高员工的素质，是企业提高其核心竞争力并保持可持续发展的有力保障。

图 9-13　对员工进行培训

3. 管理技术

敏捷制造对企业的管理技术提出了较高的要求。实施敏捷制造时，企业既可以采用团队生产管理形式，邀请供应商、客户加入生产管理团队；也可以采用与其他企业合作的生产管理形式。无论采用哪种生产管理形式，企业都必须根据相应的形式制订合理的生产管理制度和方法。例如，采用与其他企业合作的生产管理形式时，企业需要加强企业间的合作管理，克服人员调动、知识产权保护等方面的障碍。

（五）大规模个性化定制

大规模个性化定制是指基于大量客户的个性化需求，在现代信息技术、新型材料技术、柔性制造技术等一系列技术的支持下，将产品的定制生产全部或部分转化为批量生产，从而以大规模生产的成本和效率为客户提供定制产品的生产模式。大规模个性化定制同时具备大规模生产和定制生产的优点，既能降低生产成本，又能满足客户的个性化需求，有利于加快企业对客户需求的响应速度，提高企业的市场竞争力。

在智慧供应链生产管理中，企业实施大规模个性化定制的条件如下：

（1）产品的市场规模较大，且客户对产品的功能既有个性化需求，也有共性需求。

（2）制造商具有迅速、准确获取客户需求和以低成本快速开发产品的能力；拥有多产品共用的生产线；能够制订有效的大规模个性化定制实施方案，并建立相应的交互平台。

释疑解惑

交互平台用于支撑制造商与客户、智慧供应链合作伙伴之间的交互活动，主要具有以下功能：① 提供客户需求反馈与交互接口；② 提供产品选装选配界面；③ 提供产品样机/样品展示界面；④ 提供产品下单订购界面；⑤ 提供产品设计、生产、物流进度反馈界面；⑥ 提供产品使用信息反馈界面；⑦ 提供产品售后投诉信息反馈界面；⑧ 提供产品宣传展示和广告投放界面。

（3）供应商具有以较低的成本快速向制造商交付原材料或零部件的能力。

（4）分销商和零售商具有快速响应客户需求并交付产品的能力。

知识之窗

实施大规模个性化定制时的生产管理系统

企业实施大规模个性化定制时，其生产管理系统主要包括订单处理子系统、生产排程子系统、生产执行子系统、生产管控子系统等。

1. 订单处理子系统

订单处理子系统主要具有以下功能：① 基于产品结构、生产工艺、企业生产能力等对客户订单进行拆分、合并；② 将客户订单中的原材料、通用模块（即组成定制产品或其内部子系统的、具有确定功能和标准接口的典型的通用独立单位）、定制模块需求，与企业库存中的原材料、模块、半成品等物料进行匹配；③ 评估待采购物料需求，然后生成采购订单，并将其推送至采购管理系统；④ 将拆分/合并后的预排程订单推送至生产排程子系统。

2. 生产排程子系统

生产排程子系统主要具有以下功能：① 实现预排程订单与生产工艺、物料列表的匹配，并生成物料清单（即以数据格式对产品结构进行描述的文件，体现产品所需原材料、零部件的明细）等；② 基于生产工艺、物料配送时间、产品交货期、企业生产能力等因素制订生产计划；③ 对紧急的客户订单进行插单处理；④ 基于生产计划创建生产订单，并将其推送至生产管控子系统。

3. 生产执行子系统

生产执行子系统主要具有以下功能：① 利用条码技术、RFID 技术等实现上线物料与生产订单的绑定，并记录物料的编码信息；② 追踪上线物料到达的工位，并将生产订单中所需的生产工艺信息推送至对应的工位；③ 基于客户订单中的产品定制信息在生产过程中或产品下线时对产品的性能、外观等方面进行检查；④ 将生产进度、生产现场信息等反馈至交互平台。

4. 生产管控子系统

生产管控子系统主要具有以下功能：① 基于产品的生产进度将所需物料运送至对应工位；② 追踪并记录产品生产过程中的重要通用模块、定制模块等物料的编码信息；③ 基于客户订单中的配送地址等信息，将订单中涉及的成品储存至对应位置。

五、新兴技术在智慧供应链生产管理中的应用

（一）物联网技术的应用

物联网是指基于感知控制设备，通过通信网络，使物理实体、人、系统和信息资源相连接，响应与处理物理和虚拟世界信息的基础设施。

物联网技术实质上是智能感知技术、网络通信技术、云计算技术、边缘计算技术等各种信息技术的集合体。应用物联网技术，能够实现物品与物品、物品与人员、物品与网络的连接，方便人员对物品进行识别、定位、管理和控制。

在智慧供应链生产管理中，企业可借助物联网技术实现以下功能：

（1）实时监控设备状态。企业可通过在生产线上配置感知控制设备，实时监控生产设备的运行状态，如设备的温度、压力、转速、运行轨迹等。同时，企业可通过分析生产设备的运行状态，预测设备的维护需求，及时对设备进行维修或更换，避免设备在生产过程中出现故障，从而提高生产效率。

（2）优化生产流程。企业可借助物联网技术，实时采集与深入分析生产进度、物料消耗、人员安排等方面的数据，识别生产调度不合理问题，便于及时调整生产计划，实现对生产流程的精细化管理。

（3）确保生产安全。企业可借助物联网技术，实时监控生产现场的温度、湿度、气体浓度、气压等环境参数和生产设备的运行状态，及时发现并解决安全隐患，从而确保生产安全。

（4）节约能源。企业可借助物联网技术，实时监控能源的消耗情况，及时发现并解决能源浪费问题，实现对能源的精细化管理。同时，企业可通过分析能源的历史消耗数据，优化能源管理方案，提高能源利用率。

（二）增强现实技术的应用

增强现实（AR）技术是指将现实世界信息和虚拟世界信息无缝集成的一种人机界面技术。AR 技术的工作原理如下：利用数字技术对在现实世界的一定时空范围内很难体验到的某些实体信息（如视觉、声音、味道、触觉等）进行模拟仿真后，再叠加到现实世

界，使真实的环境和虚拟的信息实时叠加到了同一个画面或空间中，被人的感官所感知，让人获得某种超越现实的感官体验。

在智慧供应链生产管理中，企业可借助AR技术实现以下功能：

（1）生产现场的工作人员可通过佩戴AR眼镜（见图9-14），迅速找到所需设备或物料的精确位置，节省寻找时间，提高工作效率。

图9-14　AR眼镜

（2）企业可将生产设备的操作步骤、维修方法等信息导入AR眼镜中，便于工作人员从中即时获取生产设备的操作与维修指导。例如，某公司以可视化方式将作业指导书导入AR眼镜中，生产现场的员工戴上AR眼镜后，扫描生产设备上的二维码即可看到该设备的操作步骤，大大提高了员工操作设备的规范性。

（3）当生产现场的工作人员遇到复杂的技术问题时，AR眼镜可作为通信工具，让后台专家如同亲临现场一般，从现场工作人员的视角观察问题，便于后台专家对现场工作人员进行远程指导，从而有效解决生产现场出现的问题。

任务实施

分析Q公司的大规模个性化定制实践

任务背景：

Q公司是一家自行车生产企业，实施了大规模个性化定制，将自行车车身喷漆、零部件安装、整车调试等生产活动设计成独立的模块，并引进自行车车架柔性制造系统。同时，该公司为零售商配置了特殊的订单系统，该订单系统可以根据客户的身高、体重等信息向客户推荐合适的车架尺寸、座位位置和横杆长度，此外客户还可以在该订单系统中选择自己想要的车型、颜色、额外配件等。

零售商通过交互平台将客户需求信息实时传送给Q公司旗下工厂。工厂可以在计算机辅助设计系统的帮助下于3分钟内生成详细的生产数据，然后将该数据传送给相应的生产线完成生产。两周后，客户就能收到其定制的自行车。

实施步骤：

（1）全班学生自由分组，每组4～6人，并选出1名小组长。

（2）小组长组织小组成员研读上述材料，聚焦智慧供应链生产管理的相关知识，探讨以下问题：① Q公司实施大规模个性化定制需要做好哪些准备工作；② Q公司实施大规模个性化定制可能产生哪些作用；③ Q公司还可以采用哪种智慧供应链生产管理策略。

（3）小组长记录和整理探讨结果，并组织小组成员制作PPT。

（4）小组长上台展示PPT，其他小组发表看法，教师进行点评。

任务四 智慧供应链库存管理

任务导入

R 公司实施供应商管理库存

R 公司为一家大型药品生产企业。为了提高药品库存管理效率，R 公司实施了供应商管理库存，具体如下：

（1）医院汇总各科室的药品需求信息和药品库存信息（包括实际库存量、最低库存量、最高库存量等），然后利用智慧供应链管理平台将上述信息发送给 R 公司。

（2）R 公司根据上述信息并借助预测模型进行药品库存需求预测。

（3）R 公司根据药品库存需求预测结果和医院的实时库存数据生成计划补货订单，并利用智慧供应链管理平台将该订单发送给医院。

（4）医院在核对并确认计划补货订单后，在智慧供应链管理平台上生成实际补货订单，并将该订单发送给 R 公司。

（5）R 公司根据实际补货订单生成计划配送订单，同时将该订单发送给医院。

（6）R 公司根据计划配送订单生成拣货单，然后据此从仓库中拣货、包装并配送至医院。

（7）医院消耗药品后，将实际消耗信息发送给 R 公司。

（8）R 公司根据实际消耗信息与医院进行财务结算。

问题：

（1）什么是供应商管理库存？

（2）供应商管理库存的模式有哪些？上述案例中的 R 公司采用的是哪种模式？

一、智慧供应链库存管理的作用

库存不足或库存积压都会对企业产生不良影响。库存不足会导致企业生产中断、延期交货甚至失去客户；库存积压会导致库存成本增加，进而影响企业的利润。因此，企业应进行智慧供应链库存管理，使库存保持在合理水平，从而降低库存成本，提高市场竞争力。具体而言，智慧供应链库存管理具有以下作用：

（1）减少重复库存。智慧供应链中的各成员企业基于自身的经营需要，会设置一定的库存，从而可能导致重复库存。例如，零售商会设置安全库存，以应对分销商产品脱销状况；分销商也会设置安全库存，以应对制造商供货不足状况。实施智慧供应链库存管理，共享库存信息，能够有效减少智慧供应链中的重复库存。

（2）提高柔性生产能力。一方面，实施智慧供应链库存管理，能够实现智慧供应链上下游企业之间的信息共享，便于制造商及时了解库存状态、库存需求等重要信息，为制造商快速响应市场变化、及时调整生产计划奠定了基础。另一方面，制造商能够利用大数据技术和 AI 技术对库存需求进行精准预测，从而制订更加精确的生产计划和库存计划，避免生产中断和交货延误。

（3）快速满足客户需求。智慧供应链成员企业通过共享库存信息，共同管理库存，能够制订更加科学、合理的配送方案，确保以最短的时间将产品送到客户手中，及时满足客户需求。

（4）降低物流总成本。智慧供应链成员企业使用先进的库存管理方法和技术对智慧供应链中的库存进行统一管理，能够有效减少库存占用资金和库存管理费用，从而降低物流总成本。

二、智慧供应链库存管理的策略

常用的智慧供应链库存管理策略包括供应商管理库存和联合库存管理。

（一）供应商管理库存

1．供应商管理库存的概念

供应商管理库存是指按照双方达成的协议，由智慧供应链的上游企业（包括供应商等）根据下游企业（包括制造商、零售商等）的库存计划、销售信息和库存量，主动对下游企业的库存进行管理和控制的库存管理策略。供应商管理库存的工作流程如图 9-15 所示。

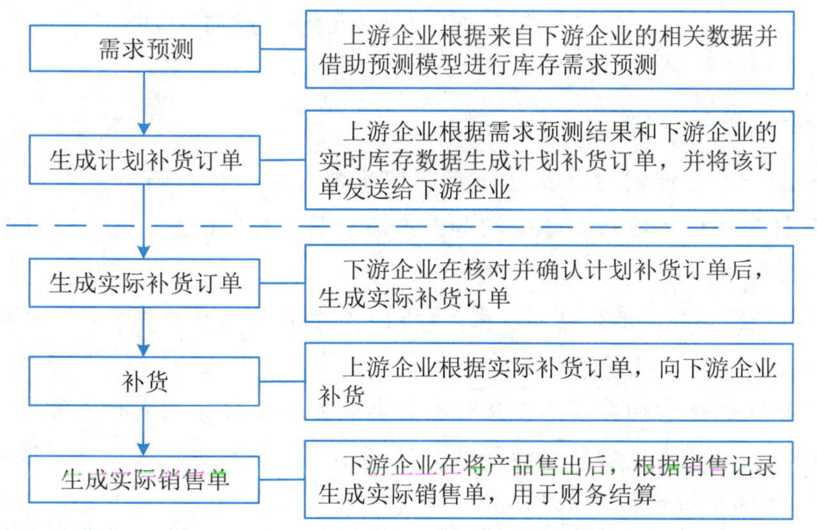

图 9-15　供应商管理库存的工作流程

2. 供应商管理库存的模式

1）“制造商—零售商”模式

在“制造商—零售商”模式中，制造商作为智慧供应链的上游企业，对其下游企业（如零售商等）实施供应商管理库存。此时，制造商是主导者，负责及时向零售商补货。该模式多应用于制造商规模大、实力强、能完全承担库存管理责任的情形。

2）“供应商—制造商”模式

在“供应商—制造商”模式中，制造商作为智慧供应链的下游企业，是供应商管理库存的实施对象，而供应商是实施者。但是，供应商并不一定是主导者，供应商管理库存的实施工作可能仍由制造商主导。例如，在汽车制造行业，汽车制造商是智慧供应链中的核心企业，为了应对激烈的市场竞争，会要求其零部件供应商实施供应商管理库存，但自己仍是主导者。

3）“供应商—第三方物流企业—制造商”模式

“供应商—第三方物流企业—制造商”模式（见图 9-16）是在“供应商—制造商”模式的基础上，引入了第三方物流企业，由其将各供应商所供应的物料集中到同一仓库中，然后向制造商配送各种物料。

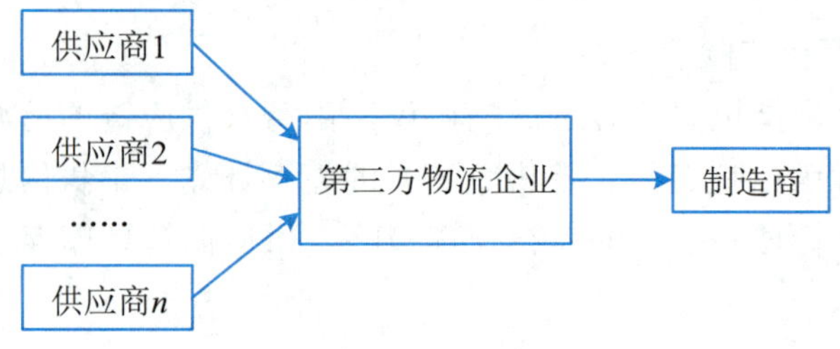

图 9-16　“供应商—第三方物流企业—制造商”模式

课堂互动

H 集团是一家空调制造企业，一直管理着本企业、供应商和分销商的库存。然而，近年来 H 集团的库存成本不断增加，产品质量也有所降低。于是，H 集团开始实施供应商管理库存。

H 集团与供应商共享采购计划、生产计划、销售计划、库存信息等，供应商在 H 集团附近建立仓库，根据 H 集团共享的信息，同时借助基于 AI 技术的智能算法和预测模型精准预测 H 集团的采购需求，并及时向仓库补货。等 H 集团支付完货款后，供应商就可以在 ERP 上将仓库中的物料转移到 H 集团名下，顺利实现按客户需求进行库存管理。图 9-17 为 H 集团的库存管理流程。

供应商	建立仓库　预测需求　及时补货 → ← 共享采购计划、生产计划、销售计划、库存信息等	H集团

图 9-17　H 集团的库存管理流程

请问：H 集团采用了哪种供应商管理库存模式？可能产生哪些作用？

（二）联合库存管理

1. 联合库存管理的概念

联合库存管理是指智慧供应链成员企业共同制订库存计划，并实施库存控制的库存管理策略。

在传统的库存管理中，供应商、制造商、分销商都会根据自己的需求设置仓库、管理库存，从而导致仓库重复建设、库存量多、库存成本高等问题。实施联合库存管理后，智慧供应链上下游企业可以利用信息共享与沟通系统共享库存信息，共同制订库存计划并设置联合库存，实现了对智慧供应链总库存的协调管理，有利于消除牛鞭效应。例如，汽车制造商和汽车经销商共同设置联合库存，汽车制造商将生产好的汽车存放在联合库存中心，汽车经销商只在 4S 店（见图 9-18）存放少量样车供客户挑选。在客户下订单后，汽车经销商通过信息共享与沟通系统将客户订单发送给联合库存中心，由联合库存中心直接向客户送货，从而提高了整条汽车智慧供应链的库存管理效率。

图 9-18　4S 店

释疑解惑

牛鞭效应是指由供应链下游需求的小变动引发的供应链上游需求变动逐级放大的现象。

什么是牛鞭效应

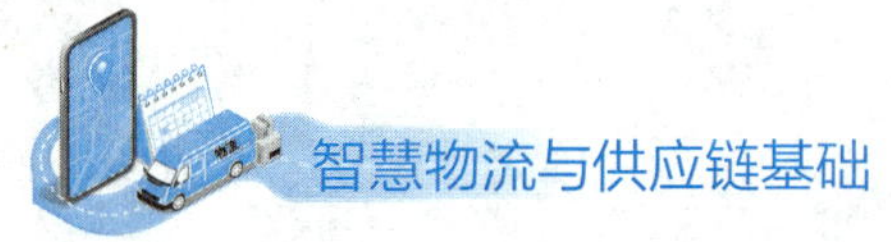

2．实施联合库存管理的前提

1）建立供需协调管理机制

智慧供应链成员企业应遵循合作共赢的原则，共同建立供需协调管理机制，为实施联合库存管理提供保障。建立供需协调管理机制应从以下几个方面着手：

（1）确定合作目标。智慧供应链成员企业必须坚持互惠互利的理念，通过协商明确共同利益并预防冲突，进而确定合作目标，如提高客户满意度、提高利润率、降低缺货率等。

（2）制订联合库存协调控制方案。智慧供应链成员企业应制订联合库存协调控制方案（包括如何在多家企业之间调配库存，如何确定最高库存量、最低库存量、安全库存量等内容），以协调各方利益。

（3）建立利益分配机制和激励机制。要使智慧供应链成员企业积极实施联合库存管理，就必须建立公平、合理的利益分配机制，让各成员企业能够共享利益；同时必须建立科学的激励机制，对在实施联合库存管理中做出重要贡献的企业予以适当奖励。

2）建立信息共享与沟通系统

为了避免出现多重预测导致的需求信息失真现象，智慧供应链成员企业应联合建立信息共享与沟通系统，并实现该系统与销售时点系统、EDI 系统等的对接，确保需求信息的时效性、准确性，加快智慧供应链响应速度。

典型案例

N 公司实施联合库存管理

N 公司是一家世界五百强企业，拥有先进的智慧供应链管理理念、良好的品牌形象、强大的管理信息系统、众多优秀的供应商和分销商。为了消除牛鞭效应，减少库存，缩短产品交货期，N 公司决定实施联合库存管理，推动供应商和分销商共同参与库存计划制订和库存控制活动。

实施联合库存管理后，N 公司将之前分散的库存集中起来，建立了一个联合库存中心。所有供应商将物料送到联合库存中心，再由联合库存中心根据 N 公司旗下工厂利用信息共享与沟通系统发出的补货订单，将物料运送到工厂的生产线上，并将工厂生产完成的产品运回联合库存中心或直接运送给分销商，从而实现了生产、供货、销售同步进行，有效减少了安全库存量和平均库存量。此外，联合库存中心还承担了物料和产品的仓储管理和运输工作，使 N 公司的仓储费用降低了 10%，运输费用降低了 5%。

三、新兴技术在智慧供应链库存管理中的应用

（一）物联网技术的应用

在智慧供应链库存管理中，企业可借助物联网技术实现以下功能：

（1）实时监控库存水平。企业可通过在货物上配置信息传感设备，实时采集货物库存信息（如库存量、入库量、出库量等），并自动更新库存信息。当监测到库存量低于预设阈值时，管理信息系统会自动发送警报，提醒企业及时补货。

（2）为决策提供数据支持。企业可将信息传感设备采集的大量库存数据上传至物联网云平台，然后借助数据分析工具对这些数据进行深度挖掘，生成库存分析报告，为管理人员做出科学、合理的库存管理决策提供数据支持。

（二）AI 技术的应用

在智慧供应链库存管理中，企业可借助 AI 技术实现以下功能：

（1）精准预测库存需求。企业可利用 AI 技术从历史销售数据、季节性销售波动、消费者行为变化等多个维度进行分析，发现客户需求变化规律，从而准确预估库存需求，优化库存水平，避免库存积压或库存不足。

（2）动态调整安全库存量。企业可利用 AI 技术实时分析销售数据、智慧供应链中的总库存量、供应商的交货期等信息，自动调整安全库存量，从而达到最优库存配置，降低库存成本。

为 F 公司制订联合库存管理实施方案

任务背景：

F 公司是一家食品加工企业，其库存主要包括原材料、半成品和产成品。其中，原材料和产成品占总库存的 73%。大量的原材料和产成品导致 F 公司的库存成本极高，而且一些原材料和产成品面临过期风险。

为了提高原材料和产成品的库存管理效率，F 公司决定实施联合库存管理。然而，由于原材料供应商和产成品分销商数量众多，F 公司遇到了许多困难，一时很难与合作伙伴达成联合库存管理合作协议。F 公司面临的困难主要包括：① 供应商（分销商）之间的经营目标和利益存在冲突，一些供应商（分销商）甚至互为竞争对手；② 不同供应商（分销商）使用的管理信息系统不同且难以兼容，信息沟通渠道不畅通；③ 一些分销商对利益分配机制不满意。

实施步骤：

（1）全班学生自由分组，每组 4～6 人，并选出 1 名小组长。

（2）小组长组织小组成员研读上述材料，聚焦 F 公司在实施联合库存管理的过程中所遇到的困难，探讨 F 公司应如何更好地实施联合库存管理。

（3）小组长记录和整理探讨结果，并组织小组成员撰写实施方案。

（4）小组长提交实施方案，教师进行点评。

1. 填空题

（1）__________是企业制订采购计划、生产计划、库存计划等的基础，对确保智慧供应链高效运作至关重要。

（2）大数据主要具有__________、来源多样、生产极快、__________等特点。

（3）__________是指将合适的物料以合适的数量与价格，在合适的时间送达合适的地点的采购模式。

（4）找出最合适的供应商的过程称为__________。

（5）智慧供应链生产管理主要包括__________、生产组织管理和__________等内容。

（6）__________是指将最后的加工工作延迟到收到客户订单之后才开始进行的生产管理策略。

（7）敏捷制造的三大要素为__________、__________和管理技术。

（8）__________是指智慧供应链成员企业共同制订库存计划，并实施库存控制的库存管理策略。

2. 单选题

（1）以下选项中，（　　）不属于智慧供应链采购管理的特点。

A．预测驱动　　B．合作共赢

C．数智赋能　　D．订单驱动

（2）以下选项中，（　　）不属于智慧供应链生产管理的特点。

A．决策信息多源化　　B．决策群体化

C．信息反馈多方向化　　D．生产计划稳定化

（3）（　　）是指将柔性制造技术、熟练掌握生产技能的知识型劳动力、企业内部和企业之间的灵活管理三者集成在一起，以便对多变的客户需求做出快速响应的生产模式。

A．准时制生产　　B．精益生产

C．敏捷制造　　D．大规模个性化

（4）（　　）的工作原理是利用数字技术对在现实世界的一定时空范围内很难体验到的某些实体信息进行模拟仿真后，再叠加到现实世界，使真实的环境和虚拟的信息实时叠加到了同一个画面或空间中，被人的感官所感知，让人获得某种超越现实的感官体验。

A．AR 技术　　B．物联网技术

C．大数据技术　　D．区块链技术

（5）实施联合库存管理的前提不包括（　　）。

A．确定合作目标　　B．建立信息共享与沟通系统

C．建立利益分配机制和激励机制　　D．发挥第三方物流企业的作用

3．判断题

（1）在智慧供应链需求预测中，预测误差是可以避免的。（　　）

（2）在对客户需求进行长期预测时，不适合采用指数平滑法。（　　）

（3）智慧供应链采购管理是以交易为导向的事务性活动，其目标是以尽可能低的价格从供应商处获取所需物料。（　　）

（4）在准时制采购模式下，采购企业通常会为需要采购的每一种物料选择少量供应商，并与供应商保持长期合作伙伴关系。（　　）

（5）在供应商管理中，采购企业应与供应商共同建立联合任务小组，协同处理智慧供应链采购过程中发生的所有问题。该小组应由双方的工作人员共同组成。（　　）

（6）大规模个性化定制同时具备大规模生产和定制生产的优点，既能降低生产成本，又能满足客户的个性化需求。（　　）

4．简答题

（1）简述智慧供应链需求预测的步骤。

（2）简述大数据技术在智慧供应链需求预测中的应用流程。

（3）简述准时制采购的实施步骤。

（4）采购企业进行供应商寻源的流程是怎样的？

（5）简述智慧供应链生产管理的要求。

（6）在智慧供应链生产管理中，企业可借助物联网技术实现哪些功能？

（7）简述智慧供应链库存管理的作用。

（8）在智慧供应链库存管理中，企业可分别借助物联网技术和 AI 技术实现哪些功能？

学习成果评价

请进行学习成果评价，并将评价结果填入表 9-1 中。

表 9-1　学习成果评价表

评价项目	评价内容	分值	评价分数	
			自评	师评
知识（40%）	智慧供应链需求预测的概念、步骤和方法	6		
	大数据技术的相关知识和大数据技术在智慧供应链需求预测中的应用流程	4		
	智慧供应链采购管理的目标和特点	4		
	准时制采购和供应商管理的相关知识	4		
	大数据技术和区块链技术在智慧供应链采购管理中的应用情况	4		
	智慧供应链生产管理的内容、特点、要求和策略	5		
	物联网技术和 AR 技术在智慧供应链生产管理中的应用情况	4		
	智慧供应链库存管理的作用和策略	5		
	物联网技术和 AI 技术在智慧供应链库存管理中的应用情况	4		
技能（40%）	能够根据具体情况进行智慧供应链运作管理	20		
	能够简要介绍各种新兴技术在智慧供应链运作管理中的应用情况	20		
素养（20%）	乐于学习，勤于学习，善于学习	5		
	具备团队精神，积极与人合作	5		
	严谨细致，精益求精	5		
	树立创新意识，挖掘创新潜能	5		
合计		100		
总评（自评×40%+师评×60%）			教师签名：	

参考文献

[1] 韩东亚，孙颖荪．智慧物流概论［M］．合肥：中国科学技术大学出版社，2023．

[2] 王睿．智慧供应链［M］．北京：电子工业出版社，2023．

[3] 殷延海．智慧物流管理［M］．上海：复旦大学出版社，2023．

[4] 魏学将，王猛，李文锋．智慧物流信息技术与应用［M］．北京：机械工业出版社，2023．

[5] 洪琼，张浩，章艳华．智慧物流与供应链基础［M］．北京：北京理工大学出版社，2022．

[6] 李文锋．智慧物流［M］．武汉：华中科技大学出版社，2022．

[7] 刘伟华，李波．智慧供应链管理［M］．北京：中国财富出版社有限公司，2022．

[8] 蔡源，宋卫．智慧供应链管理：慕课版［M］．北京：人民邮电出版社，2022．

[9] 慕静，邓春姊，王俊艳．智慧物流与供应链：微课版［M］．北京：清华大学出版社，2022．

[10] 何建佳．智慧物流与供应链管理：微课版［M］．北京：清华大学出版社，2022．

[11] 陈栋．物流与供应链管理智慧化发展探索［M］．长春：吉林科学技术出版社，2021．

[12] 魏学将，王猛，张庆英．智慧物流概论［M］．北京：机械工业出版社，2020．

[13] 施先亮．智慧物流与现代供应链［M］．北京：机械工业出版社，2020．